Frau R.

Noch mehr Nachtgedanken
In meinen Wörtern… (2)

AF160287

*Die Kunst besteht wohl darin
jemanden zu finden der mit Dir brennt
und der gleichzeitig all Deine Feuer löscht.*

Ebenfalls von Frau R. erschienen:

„Wenn ein Fremder Schneewittchen wach küsst…
Die Verwandlung zum Vollblutweib"
(ISBN 978-3-7357-5065-5)

„Mit rasierten Beinen spricht sich's besser!
20 Dates in 40 Tagen"
(ISBN 978-3-7347-2810-5)

„In meinen Worten… Nachtgedanken – Leuchtstreifen"
(ISBN 978-3-7392-1119-0)

Frau R.

Noch mehr Nachtgedanken

In meinen Worten... (2)

"Ach...", sagte sie,
"Dich würde ich auch ganz spontan an einem
wolkenverhangenen Samstag wie diesem heiraten.
Ohne Kleid. Ohne Ringe. Nur Du und ich...
und danach schauen wir das Deutschlandspiel..."

Bibliografische Information der Deutschen Nationalbibliothek:
Die Deutsche Nationalbibliothek verzeichnet diese Publikation in der Deutschen
Nationalbibliografie; detaillierte bibliografische Daten sind im Internet über
www.dnb.de abrufbar.

Copyright © 2016 Julia Riegler

Copyright © 2016 alle Bilder Julia Riegler

außer (mit freundlicher Genehmigung):
Coverfoto "Himmel über Würzburg":
Copyright © Andreas Pilhofer

Alle Rechte vorbehalten.
Das Werk darf – auch teilweise –
nur mit Genehmigung der Autorin wiedergegeben werden.

Herstellung und Verlag:
BoD – Books on Demand, Norderstedt

ISBN 978-3-7412-5323-2

Für

Oma und Opa

Auf ein erstes Wort...

Liebe Leser,

mit diesen Worten beende ich mein neues Buch um meine Nachtgedanken. Wie ich beende es? Ja, Ihr habt richtig gelesen, ich fange heute mal mit dem Ende an.

Wie all meine Bücher wurde dieses Buch in erster Linie für mich selbst geschrieben – so komisch sich das anhören mag – aber meine Nachtgedanken, mein Schreiben an sich, das ist mir Therapie und Seelenbalsam. Doch dieses Buch war auch von Anfang an anders... Als ich dieses Projekt begann war mir klar, dass ich es meinen Großeltern widmen werde, die mir gezeigt haben, wie „Leben" funktioniert, die mich geprägt und vor allem immer bedingungslos geliebt haben. Zwei bewundernswerte Menschen, die mir mit 63 zufriedenen Ehejahren den Glauben und die Hoffnung auf Liebe geschenkt haben.

Und ja, auch das ist anders, viele der Worte in diesem kleinen Büchlein sind mit Liebe und einem heftigen Kribbeln im Bauch entstanden. Ob sie 63 Jahre halten wird diese Liebe? Wohl kaum, denn dann wäre ich ja... ähm... also... (ich werde ja bekanntlich nicht mehr älter als 28) ich wäre dann also 91 oder 103 oder so! Aber egal wie lange auch immer mich dieser Mensch begleiten wird – Liebe hat kein Haltbarkeitsdatum und deswegen gilt es einfach den Moment zu leben.

Heute schreibe ich meine letzten Zeilen dieses Buches mit Tränen in den Augen, denn ich musste mich gestern von meinem geliebten Opa verabschieden... Einer seiner letzten Sätze an mich war: „Du wirst noch berühmt mit Deiner Schreiberei!" Oma und Opa – danke, dass Ihr immer an mich geglaubt habt!!!

Und an DICH: Danke, dass Du für mich da bist und warst und einen der schwersten Wege meines Lebens mit mir gegangen bist!

Diese Zeilen schreibe ich mit einem lachenden und einem weinenden Auge – aber ich schreibe sie vor allem voller Liebe!

Eure Frau R. 26.07.2016

P. S. Wie immer ist vieles hier frei erfunden, aber alles nachempfunden.

Liebesbriefe an die besten Großeltern der Welt

Lieber Opa,

wenn ich diese Worte schreibe erreichen sie Dich leider nicht mehr persönlich. Aber ich bin mir sicher, Du verstehst sie, da wo Du jetzt bist.

Es hat nie viele Worte gebraucht zwischen uns, es war eher ein stilles Einvernehmen, eine Basis, die keiner großen Ausführungen bedurfte.

Eine der ersten bewussten Erinnerungen, die ich an Dich habe, sind die Autofahrten nach Jesolo, ich hinten in meinem provisorischen Bett auf der Rückbank Deines alten goldfarbenen Ford Taunus. Ja, daran erinnere ich mich. Und überhaupt an die vielen Jesolo-Urlaube, zu denen ich Euch begleiten durfte. Das waren mit die schönsten Momente in meinem Leben.

Ich durfte viel lernen von Dir – vor allem fürs Leben.

Weißt Du welche Worte mir als erstes einfallen, wenn ich heute an Dich denke? Rechtschaffenheit, Toleranz, Akzeptanz, Humor und Zuverlässigkeit (und ja, ich gestehe, ein ganz klein wenig Sturheit). Du warst mir immer ein Vorbild dafür wie man dieses Leben meistern kann. Du bist ihm stets mutig entgegen getreten, diesem Leben – ganz egal was es für Dich bereithielt. Nie sah ich Dich verbittert oder hadernd, Dein Schicksal hast Du mit Fassung und einem Lächeln getragen und uns dadurch gelehrt wie man mit diesem Leben fertig werden kann. Du bist immer wieder aufgestanden, auch wenn es Dich manchmal umgeworfen hat.

Weißt Du, dass ich mich nicht daran erinnern kann, dass Du auch nur einmal richtig mit mir geschimpft hast? Oder mich auch nur einmal nicht verstanden oder akzeptierst hättest? Gründe hätte ich Dir ja genug geliefert... meine Tattoos, meine Bücher,... nicht alles konntest Du nachvollziehen, aber Du hast mich immer meinen Weg gehen lassen und nie etwas darauf gegeben was die Leute vielleicht reden könnten. Und selbst wenn Dich etwas bewegt hat, hast Du es mit stoischer Gelassenheit getragen. Nie habe ich Dich als schwach empfunden, selbst als Du krank und älter wurdest. Deine Entscheidungen hast Du immer wohl überlegt getroffen und wenn eines mal sicher war, dann dass auf Dich immer Verlass ist!

Gerade in den letzten Monaten hat mich überwältigt wie offen und tolerant Du in Deinem hohen Alter noch warst. Meine „neue syrische Familie" hast Du aufgenommen und akzeptiert und ihnen dadurch ein klein wenig das Gefühl von „zu Hause" gegeben in diesem fremden Land. Es war für Dich nie eine Frage, dass sie Dir willkommen sind und Deine Tür für sie offen steht.

Wie oft musste ich über Dich und mit Dir lachen? Deinen Humor, der manchmal so trocken war wie der „See", hast Du nie verloren. Selbst als Du schwer krank warst in Deinen letzten Tagen hast Du noch mit uns gescherzt so lange Du konntest.

Ach... mein Opa... ich kann es noch gar nicht begreifen, dass Du nicht mehr da bist, weil Du einfach so selbstverständlich immer in meinem Leben warst. Heute Morgen bin ich aufgewacht und habe mich gewundert, warum ich so traurig bin und erst nach einer Weile schoss es mir in den Kopf, dass Du nicht mehr da bist und nichts mehr sein wird wie es war. Immer wenn es mir richtig schlecht ging waren Du und Oma mein Fluchtpunkt, mein Fels in der Brandung. Viele kamen

*und gingen in meinem Leben, aber Du, Du hattest immer Bestand.
Egal was war, auf Dich konnte ich zählen.*

*Danke, Opa! Für alles! Ich hätte mir keinen besseren Großvater
wünschen können. Bei allem was mir an Last auf die Schultern gelegt
wurde, hast Du mir tragen geholfen – nicht nur mir, uns allen.*

*Du hast mir die Hoffnung und den Glauben geschenkt, dass es sie gibt,
Männer wie Dich. Du warst der wichtigste Mann in meinem Leben
und Dein Platz ist jetzt leer...*

Ich wollte Dir noch so viel sagen und doch fehlen mir die Worte.

Mir bleibt nur eines und es ist bei Weitem viel zu wenig: DANKE!!!

Danke für alles, für ein ganzes Leben, Deine Liebe und Akzeptanz.

*Jeder Abschied ist die Geburt einer wundervollen Erinnerung –
Du bleibst immer und ewig unvergessen!*

Deine

Liebe Oma,

*und genau das trifft es schon und sagt alles: LIEBE = OMA!!!
(und da reicht nicht nur ein Ausrufezeichen, es bedarf drei!)*

Dich beschreibt man am besten mit zwei Worten: Liebe und Güte!

Nie habe ich Dich wütend erlebt, nie war Dir irgendetwas zu viel. Immer und zwar wirklich IMMER bist Du diejenige, der ich alles erzählen kann und die nie urteilt, sondern einfach annimmt und mich stehen lässt, so wie ich bin. Wenn ich mich auf etwas verlassen kann, dann darauf dass Du zu mir stehst – mit allem was ich bin. All meine Geheimnisse weiß ich gut bei Dir verwahrt und Du teilst sie nicht nur mit mir, Du verstehst einfach – aus tiefstem Herzen.

Du bist eine starke Frau – das hat mich zu einer gemacht. Du hast mich geprägt und oft wünschte ich, ich könnte mehr so sein wie Du... geduldig, gütig, verzeihend und verstehend – ohne Kompromisse dabei zu machen – Du liebst vollständig. All das bin ich leider nicht in dem Maße wie Du... dennoch bist Du mir ein Anleitung dafür was es heißt wirklich zu lieben und voller Liebe zu sein. Du opferst Dich auf – für uns, Deine Familie und Du stehst auch sonst jedem bei, der Dich braucht. Dein Herz, liebe Oma, das reicht für fünf weitere Personen, denn es scheint so groß, dass jeder darin Platz finden kann.

Du bist die gelebte Nächstenliebe – wo manch andere längst vergessen zu haben scheinen, dass das unser höchstes Gebot ist, lebst Du eine Nächstenliebe, die ihresgleichen sucht.

Dein Haus war schon immer ein Ort der Begegnung wo sich jeder willkommen fühlt. Egal wer meiner Freunde oder Partner Dich kennenlernen durfte, Du bleibst allen mit Deiner liebevollen, gastfreundlichen Art in Erinnerung.

Mit Deiner Herzenswärme lebst Du uns allen Menschlichkeit vor.

Du warst und bist gespannt auf alles Neue – egal ob es kulinarische Köstlichkeiten sind, die Du ohne Scheu probierst oder – und was natürlich viel wichtiger ist – ob es neue Menschen und gar neue Kulturen sind.

Du schaust über Deinen Tellerrand hinaus, auch wenn Deine Welt in Partenstein von außen betrachtet noch so klein erscheint. Dein Kosmos, Dein Universum das reicht so viel weiter.

Manche mögen es naiv nennen mit wie viel Vertrauen Du neuen Begegnungen entgegen trittst – ich nenne es Menschenbejahend. Du bist nicht erst skeptisch und lässt Dich erst dann von jemand überzeugen, wenn Du ihn näher kennenlernst, Du schenkst von Beginn an Deine Zuversicht ohne Zweifel und Vorurteile.

Selten zeigst Du Dich enttäuscht von Menschen – es muss viel passieren bis man Dich gegen sich aufbringt. Und selbst wenn Dich jemand ernüchtert, bedeutet das für Dich kein „für immer" –
Du verzeihst und vergibst.

Du empfängst mit offenen Armen und bekommst genau das auch zurück. Ich kenne niemanden, der Dich nicht liebt.

Du bist voller Lebensfreude und strahlst Zufriedenheit aus – davon hält Dich auch Dein Alter nicht ab- und Du weißt immer noch genau was Du willst – entgegen Konventionen lässt Du Dich nicht davon abhalten zu denen zu stehen, die Du schätzt und achtest.

Und jetzt, wo Du nach 63 Ehejahren Deinen Mann verlierst, bist Du stark – stark für uns alle. Du meisterst auch diese Herausforderung voller Zuversicht, Tapferkeit und Mut.

Du und Opa, Ihr habt mich zu der gemacht, die ich bin. Mit Euren Werten, Eurer Liebe und damit, dass Ihr mir vorgemacht habt, wie „Leben" funktioniert, habt ihr meinen Grundstein gelegt, den ich mit all meinen Verrückt- und Eigenheiten zu dem „Selbst" von mir ausgebaut habe, das ich heute bin. Und genau dieses Selbst, Euer „verrücktes Huhn" habt Ihr nie angezweifelt oder in Frage gestellt, sondern mit all Eurer Liebe und Güte angenommen und einfach sein gelassen.

Oma, das ist Liebe. Liebe, das ist Oma. Nicht irgendeine Oma, meine Oma!

Mein Gott, was haben wir schon miteinander gelacht und geweint.

Ich liebe Dich!

Von Herzen,

Deine

Julia

Kloss mit Soß' auf syrisch – ich brauch' die Gefahr!

Wie viele schon wissen, habe ich Anfang des Jahres drei syrische Brüder kennengelernt, die mir mittlerweile Familie geworden sind. Und jetzt habe ich es also getan: Ich habe für sie gekocht! „Naja... und?!", werden sich jetzt die fragen, die mich nicht kennen und ich erkläre es wohl am besten mal so: normalerweise werfe ich eher Dinge in eine Pfanne und hoffe!

Aber ich habe tatsächlich gekocht und falls ich dachte, mein Erfolgsdruck sei groß, wenn ich früher ab und an mal für einen Mann gekocht habe, hatte ich bislang keine Ahnung unter welchem Zugzwang man steht, wenn man für DREI (!!!) Männer kocht, die sich auch noch im Ramadan befinden, was heißt, dass sie von Sonnenaufgang an weder gegessen, noch getrunken und auch nicht geraucht haben (jemand eine ungefähre Vorstellung was das für die Stimmung bedeutet???).

Seit gut einer Woche verwöhnte uns also der mittlere meiner „neuen" Brüder zum Ifthar (den Zeitpunkt ab dem wieder gegessen, getrunken und geraucht werden darf) gegen 21:30 Uhr mit syrischen Köstlichkeiten, aber irgendwann ist auch mal gut mit arabischen Essen, so dachte ich, und Zeit für etwas mehr Integration und ein typisch fränkisches Essen. Und was ist dafür besser geeignet als „Kloss mit Soß'" – quasi das fränkische Nationalgericht?

Es stellten sich nur folgende Probleme:

a) Ich (?!?!) beschließe etwas zu kochen, was ich noch NIE gekocht habe
b) Kloß mit Soß' erfordert eigentlich einen Schweinebraten als „Beilage",
der ja aber für meine muslimischen Freunde tabu ist
c) An eine gute Soße gehört ein ordentlicher Schuss Rotwein (ebenfalls tabu)
d) Ich bekoche DREI (!!!) hungrige Männer, die den ganzen Tag nicht geraucht haben

Aber was soll ich sagen? Ich BRAUCH die Gefahr und das Risiko ;-)
Aber ganz ehrlich war mir ziemlich mulmig, denn ich wusste, wenn ich es versaue haben drei Männer Löwenhunger und noch mehr schlechte Laune! Nein, ich stand ÜBERHAUPT nicht unter Erfolgsdruck! Nö! *ironiemodusaus* - ich weiß aber auch nicht, warum ich

immer meine, so Sachen machen zu müssen? Ich brauche einfach die Gefahr – lach!!!

Letztlich gab es eine vegane (!!!) Bratensoße (mit Traubensaft statt Rotwein), Klöße, Blaukraut und Rahmchampignons. Was soll ich sagen??? Ich finde ja, ich habe mich selbst übertroffen!!! Im Leben hätte ich nicht damit gerechnet, dass es sooooo gut wird und alles genauso schmeckt wie es schmecken soll! Ein typisch fränkisches Essen! LECKER! Und das ohne Schweinebraten und Alkohol – wer hätte das gedacht?!

Was die Jungs dazu gesagt haben? Naja, ich zitiere mal eben einen von ihnen:
„Very delicious! Really! Everything, the sauce, the mushrooms... but... why you kill Spongebob and why we must eat him?"
(Sehr lecker! Wirklich! Alles, die Soße, die Pilze... aber... warum hast Du Spongebob umgebracht und warum müssen wir ihn essen?) – lach!

Ich habe zwar letztlich dann doch noch 8 von 10 Punkten eingeheimst, aber Klöße werden wohl nicht ihr Leibgericht!

Außerdem hat ja auch die geliebte Mayonnaise gefehlt – grins! Ohne die geht bei den Jungs gar nichts! Was irgendwie auch ganz gut ist, denn die gesuchte Mayonnaise ist ja „schuld" daran, dass ich die drei überhaupt kennengelernt habe – aber das ist eine andere Geschichte, die ich vielleicht irgendwann mal erzählen werde.

Mit dem fränkischen Essen haben sie mir aber mal wieder bewiesen, wie offen sie für Neues sind (auch auf die Gefahr hin nach einem ganzen Tag ohne Essen hungrig ins Bett zu gehen). Sie sind wirklich mehr als Freunde geworden – meine Seelenfamilie – wir lieben uns, mit all dem Unperfekten und den Unterschieden.

Deswegen bin ich es auch leid, immer nur von den Idioten zu berichten, die uns manchmal so begegnen mit all ihren Vorurteilen und vorgefertigten Meinungen.

Heute möchte ich mal DANKE sagen! Und zwar an all meine ganz persönlichen HELDEN des Alltags, die anders sind, die da sind, die Integration und Nächstenliebe leben, die wissen, dass es überall Gute und auch Arschlöcher gibt und die offen und herzenswarm sind.

Deswegen:

Danke an meine Mama, die täglich Dreh- und Angelpunkt und Anlaufstelle für alle Flüchtlinge bei uns im Ort ist, die jede Menge Freizeit opfert, sich aufopfert für Arztfahrten, Deutschunterricht, Organisatorisches, die immer ein offenes Ohr für alle hat, ohne irgendetwas zurück zu erwarten und die meine drei Jungs quasi adoptiert hat. Für sie und ihren Partner ist es selbstverständlich geworden uns regelmäßig alle am Tisch sitzen zu haben.

Danke an meine Großeltern, die Gastfreundschaft leben – selbst oder gerade in ihrem hohen Alter, bei denen wir jederzeit willkommen sind. Als sie uns das erste Mal einluden, fragte ich sie, ob sie wirklich wollen, dass ich mit drei syrischen Männern bei ihnen „einfalle". Antwort meiner Oma: „Diese drei sind deine Freunde und somit jederzeit hier willkommen – egal wo sie herkommen. Wir kennen Dich und vertrauen Dir." Antwort meines Opas: „Ich weiß wie es ist im Krieg zu sein und aus der Heimat in ein fremdes Land zu kommen, wo niemand Deine Sprache spricht, Du alleine bist ohne Deine Familie und wie gut es tut, wenn man sich irgendwo willkommen fühlt. Natürlich sind sie hier bei uns willkommen. Bring sie mit!" Diese zwei Menschen haben meinen höchsten Respekt und mir schon mein ganzes Leben lang gezeigt, was gelebte Nächstenliebe und Gastfreundschaft bedeutet. Ich bin sehr stolz, dass sie einen großen Teil zu meiner Erziehung beigetragen haben.

Danke an all meine Freunde, für die es selbstverständlich geworden ist, dass eine Einladung uns alle meint. Die mir vertraut haben, für die meine Freunde ihre Freunde sind und die bewiesen haben, warum sie meine Freunde sind. Schön, dass es Euch gibt!

Danke an meine Lieblingsband, die den Jungs ihr erstes Rockkonzert ermöglichten. Nun, das Urteil der drei fiel ähnlich wie mit meinen Klößen aus: gewöhnungsbedürftig, aber irgendwie gut – lach! Danke für den schönen Abend, die guten, witzigen Gespräche und vor allem für die Leichtigkeit.

Danke an meinen Vater, für den es selbstverständlich ist, dass wir alle vorbeikommen können, wenn wir in der Gegend sind.

Danke an mein „Patenkind", die groß ihren Geburtstag feierte, uns alle dazu einlud und sogar an den Ramadan dachte, für die es gar keine Frage war, dass sie meine „neue" Familie dabei haben wollte und die mich wissen ließ: „Zeigen wir den Jungs doch mal, was es heißt in unserer Familie willkommen zu sein."

Danke an all die Einwohner meines Dorfes, die mit einem Lächeln und Winken vorbeifahren, wenn sie uns bei einem Chai vor der Tür sitzen sehen und die den neuen Dorfmitbewohnern eine faire Chance geben.

All diese Menschen leben Integration. All diese Menschen leben Gastfreundschaft und Nächstenliebe. All diese Menschen haben die Menschen hinter den Vorurteilen kennen-, schätzen- und teilweise sogar lieben gelernt. All diese Menschen sind Helden für mich! Jeder auf seine Weise!

Und das beste Beispiel für Offenheit bieten mir regelmäßig meine Jungs, wenn wir mal wieder über Gott (oder Allah) und die Welt diskutieren, Meinung austauschen, über unsere Traditionen sprechen, denn in einem sind wir uns mehr als einig: „Es interessiert doch keinen Menschen, ob Du die Bibel oder den Koran liest, am Ende zählt nur, ob Du ein guter Mensch bist."

Wie recht sie doch haben!

Einen guten Menschen macht nicht aus, sonntags brav in die Kirche zu gehen, wenn er am Montag nicht das lebt, was uns „unser" Prophet Jesus gelehrt hat: Nächstenliebe!

Einen guten Menschen macht nicht aus, den ganzen Tag an Ramadan nichts zu essen und zu trinken, um an die armen Menschen zu denken, wenn er dann seinen Glauben missbraucht.

Angst hat man nur vor dem was man nicht kennt. Vielleicht sollten wir uns einfach mal Zeit nehmen unsere Nachbarn kennen zu lernen, mal ein fröhliches „Hallo" über den Zaun werfen und feststellen, was für tolle Menschen das sein können. Nicht nur meine Jungs… auch all die anderen. Und vielleicht sollten wir uns mal die Zeit nehmen, um die Geschichten zu hören – mich hat es demütig und dankbar gemacht.

Ach ja… da wollte ich doch nur meine Kochkünste preisen und jetzt sind es wieder so viele Worte geworden – aber so wichtige Worte.

Ich danke wirklich meinen Helden des Alltags und all den anderen, die zumindest vorurteilsfrei sind und nicht hetzen, doch besonders danke ich meiner Mama und meinen Großeltern, die mich durch ihre Erziehung weltoffen und herzlich gemacht haben und die mich lehrten über meinen eigenen Tellerrand hinauszuschauen.

Und ich danke meinen Jungs dafür, dass sie mir täglich zeigen was „Familie" bedeutet, die meinen Hund hüten, wenn Not am Mann ist, die sich um mich kümmern, wenn ich krank bin und die mich ein Teil von etwas großartigem sein lassen.

All den anderen da draußen sei ein Zitat zuteil: „Vergib ihnen, Habibi, denn sie vergaßen die Bibel." Und die, die nicht religiös sind... an was soll man schon glauben, wenn man nicht an sich selbst glaubt und wie einfach es doch ist andere zu hassen, wenn man sich doch selbst nicht leiden kann. Ich kann Euch übrigens auch nicht leiden!

Meinen Jungs habe ich übrigens versprochen, dass ich trotz meiner 8 Punkte zumindest während des Ramadan nicht mehr kochen werde und sie nie wieder Spongebob essen müssen *;-)* Ich vergaß dabei zu erwähnen, dass es zum nächsten Deutschlandspiel Nudeln in schwarz-rot-gold gibt... aber pssssttt... bitte nicht verraten!

Lecker war es mein Essen! Banausen! Und für die Freunde von Spongebob: tut mir leid! Ich habe ihn umgebracht!

Ein Hoch auf alles Neue! Man muss ja nicht alles gut finden, aber offen sein dafür ist toll!

P. S. Fanatische Arschlöcher gibt es übrigens bar jeder Nationalität – und die sind und bleiben was sie sind: Arschlöcher! Ganz egal, ob sie im (vorgeschobenen) Namen Allahs Attentate begehen oder aus falschem Nationalstolz Flüchtlingsheime anzünden! Arschloch bleibt Arschloch – das hat so rein gar nichts mit der Herkunft oder Religion zu tun!

Unbeschwert sein

Wann ward Ihr das letzte Mal unbeschwert, albern, habt etwas getan ohne Euch Gedanken zu machen, ob das jetzt gerade albern oder peinlich ist? Wann habt Ihr Euch das letzte Mal vom Geruch gebrannter Mandeln verführen lassen und die Geschmacksexplosion einer Schoko-Erdbeere genossen? Wann habt Ihr zuletzt Euren Partner mit Trauben gefüttert und genussvoll in eine warme Brezel gebissen? Wann war Euch schwindlig vom Kettenkarussellfahren und wann habt Ihr eine Rose oder ein Stofftier geschossen? Ich brauche wohl kaum zu fragen, wann Ihr zuletzt auf einem Tisch standet und laut „unsinnige" Lieder mitgegrölt habt oder ausgelassen getanzt habt? Gut, dass mit der Maß Bier scheint mir dann schon wahrscheinlicher (Tschuldigung!), aber wann hattet Ihr das letzte Mal einfach nur unbändigen Spaß?

Gut, ich als bekennender Bierkönig-Fan bin ja schon ein bisschen bekannt dafür etwas „durchgeknallt" zu sein, aber gestern war ich das erste Mal seit Jahren wieder auf einem Volksfest und hatte völlig vergessen, wie schön das sein kann… Irgendwie eine Mischung wie sich 25 Jahre jünger fühlen, eingelullt sein von verführerischen Düften, Eindrücke, die auf einen einprasseln, laute Musik,… rundum: es war einfach großartig! Ich kann mich nicht erinnern, wann ich das letzte Mal an einem Donnerstag so viel Spaß hatte!

Warum glauben wir eigentlich immer „erwachsen sein" zu müssen? Warum können wir nicht mal alle Zwänge ablegen, alle 5e gerade sein lassen und einfach ausgelassen sein?

Ich habe ganz ehrlich unterschätzt, wie belebend so ein Abend auf dem „Rummel" sein kann! Und jetzt? Ich werde es wieder tun! Garantiert!

Denn das Leben will gelebt werden! Leider erwische ich mich immer mal wieder selbst dabei, dass ich mich in alten Gewohnheiten ausruhe, mich vor neuen Erfahrungen drücken möchte und lieber daheim an einem neuen Kapitel schreibe, statt rauszugehen und mal völlig unsinnig mitten unter der Woche die Nacht zum Tag zu machen. Schlafen… schlafen können wir doch wenn wir alt sind!

Gestern hat mir ein Schausteller, der mit 45 m die höchste „Schaukel" weltweit hat, erzählt, dass seine ältesten Kunden ein Ehepaar mit 75 und 80 Jahren sind, die regelmäßig in Düsseldorf (oder war es

Dortmund? Egal...) 5 – 6 Fahrten hintereinander machen! DAS ist das Leben genießen!

Mein Gott, ist es nicht erschreckend, wie alt wir manchmal mit 20, 30, 40 schon sind?

Ich vergesse das manchmal... das Leben zu leben...

Falls dem mal wieder so ist, erinnert mich bitte daran, dass ich auch mit 80 noch alt sein kann... auch, wenn ich das auch dann noch nicht sein will!

Ich will jetzt leben... lustvoll, tollkühn, unbändig, voller Lebensfreude! Ihr auch?

***

Ich mag Menschen,
die ihre Eigenarten schätzen und das Besondere erkennen,
wenn es ihnen begegnet.
Ich mag Menschen,
die keine Angst vor dem unbequemen Weg haben
und die auf ihr Herz hören.
Ich mag Menschen,
die danach verlangen ihre Träume wahr werden zu lassen,
die nachdenken bevor sie handeln
und die mit voller Leidenschaft leben.

***

Es gibt nicht viel,
was man mir noch sagen kann,
da ich doch schon alles gehört habe!

***

Du bist meine Definition von Glück

Deine Küsse tanzen auf meinen Lippen,
hinterlassen Deinen so typischen Geschmack
und ein Prickeln als ob ich im Ahoi-Brause-Rausch bin.
Zart streichen Deine Finger über mein Gesicht,
verewigen sich prickelnd.
Du sagst all die schönen Worte, die ich nicht verstehe,
aber wer braucht schon Worte,
wenn Blicke ganze Geschichtsbücher füllen?
Deine Hand sanft in meinem Haar, nur ein Lufthauch,
die Winzigkeit einer Vorstellung, dass sie da ist.
Dein Zeigefinger tanzt über meine Pulsadern,
über die Stelle auf der steht was ich gerade nicht mehr bin.
In Deiner Nähe wird all das Laute in mir ganz leise,
verstummen die Zweifel, werden Ängste begraben.
Es gibt nur noch einen Wunsch in mir – bei Dir zu sein.
Nächtelange Gespräche unterm Sternenhimmel,
barfuß durch den Regen tanzen…
Alles erzählen was schon immer gesagt werden wollte,
bis der Morgen dämmert.
Die Welt scheint unendlich mit Dir.
All unsere Probleme verwehen wie Seifenblasen im Wind –
sie werden davon getragen, blauschimmernd.
Verliebt…
Vom ersten Moment an war klar das hier wird gefährlich.
Sich in meinem Alter wie 16 fühlen…
Welch komisches Gefühl,
wenn auf einmal alles so einfach scheint -
keine Grenzen, keine Widerstände - nur wir.
Geradezu unbekannt verfolgt es mich,
dieses neue Erwachen einer lange nicht gekannten Leichtigkeit.
Wen interessiert schon alles andere in diesen Momenten,
die eine Ewigkeit versprechen?
Und schlagartig wird mir klar,
dass Du meine Definition von Glück bist.

***

Dein und mein Herz
scheinen ganz alte Freunde zu sein

Auf dem Weg zu mir...

In den letzten Jahren habe ich gelernt mich von keinem „Das macht man nicht" oder „Wie kannst Du nur?" oder „Was sollen denn die Leute sagen" mehr aufhalten zu lassen. Ich glaube nicht mehr daran, dass man, nur weil man enttäuscht wurde oder verloren hat, besser nichts mehr riskieren sollte und auch nicht daran, dass es schlecht ist gegen den Strom zu schwimmen. Ich habe gelernt, dass ich lieber Federn lasse als zu kriechen und dass ich lieber provoziere als zu vermeiden. Groß zu träumen habe ich gelernt, statt immer nur zu schlafen und vor allem mich nicht verbiegen zu lassen, nur um in irgendwelche Schubladen zu passen, die mir sowieso zu klein sind. Eines Tages bin ich aufgewacht aus einem Leben, das einfach nur zu verrinnen schien, aufgewacht aus einem „Ich ertrage es", habe nicht mehr in Kauf genommen nur jemand zu sein, der mit der Herde läuft und begann mich massiv mit mir selbst auseinanderzusetzen, um selbst etwas zu ändern, denn ich wusste, nur ich kann mich da raus holen.

Ich habe gelernt und sage es heute, wenn mich etwas verletzt, obwohl ich weiß, dass es einfacher wäre nur wütend zu sein. Ich mag mich nicht mehr fügen, nur weil es bequemer ist als aufzustehen und laut meine Meinung zu sagen und sie vor allem zu vertreten. Lieber verbrenne ich mir noch 100 x die Finger als kalt zu sein. Und wenn ich abstürze werde ich jedes Mal wieder aufstehen. Ich durfte erkennen, dass es völlig ok ist Fehler zu machen und auch manchmal das Gefühl zu haben am Leben zu zerbrechen. Es hat mich viel Akzeptanz gekostet auch meine negativen Eigenschaften anzunehmen – ich darf eifersüchtig und verletzt sein, darf zickig sein und Grenzen setzen. Ich habe gelernt bei mir zu sein, auf mich zu hören und daran zu wachsen.

Ich musste hart lernen wieder ich selbst zu sein!

Ich habe alten Verletzung nicht weiter erlaubt mich in jemanden zu verwandeln, der ich eigentlich gar nicht bin, dadurch viele alte Wunden mit Bepanthen beschmiert, sie aber letztlich auch geheilt. Das heißt nicht, dass sie nicht mehr da sind, aber ich gebe ihnen keine Grundlage mehr mein Leben zu kontrollieren und mich daran zu hindern, die zu sein, die ich bin. Und ja, ich habe verziehen – nicht vergessen, aber Schlussstriche gezogen und manches einfach gut sein und stehen lassen.

Es war ein langer und steiniger Weg, ist es immer noch, denn ich bin aus vielem was mir meine Welt schon immer zu klein erscheinen ließ, herausgewachsen. Ich gebe nichts mehr auf Leute, die groß darin sind Kritik zu üben, mich aber nicht unterstützen. Unrealistische Erwartungen, die andere an eine Person haben, die ich gar nicht bin, muss ich heute nicht mehr erfüllen. Ich brauche keine falschen Freunde, die sich heimlich die Hände reiben, wenn es mir schlecht geht. Ich verzichte darauf mich für einen Mann zu verstellen, der sich durch meine Intelligenz, meine Emotionen oder meine freimütige Art einschüchtern lässt, den ich überfordere und der meint mich deswegen klein halten zu müssen, der seine eigene Schwäche nur damit kompensieren kann an meiner Stärke zu kratzen. Außerdem brauche ich keinen Partner, der meine Stärke nur als Stärke sieht und mich „schwach" nicht erträgt.

In meinem Leben ist kein Platz mehr für Menschen, die sich nicht mit mir an meinen Erfolgen freuen und die sich unauffällig aus dem Staub machen, wenn mein Leben mal nicht sonnig ist, sondern voller Schatten. Ich brauche niemanden, der nur noch Spaß daran hat zu lästern und das einzige was er verbreitet negative Energie ist. Mich nerven Menschen, die stehen bleiben und die nicht authentisch sind. Mich langweilen bedeutungslose Gespräche, die man nur führt, weil man meint etwas sagen zu müssen. Ich habe Freunde und Bekannte „ausgemistet" aus meinem Leben, die sich nicht gegen Unwissenheit und vor allem Ungerechtigkeit auflehnen. Alles und jeder, der nicht gewillt ist mein Leben zu bereichern hat nichts mehr darin verloren!

Ich bin dem Frauenbild entwachsen, das mir ständig einzureden versuchte, dass ich nicht schön genug, schlank genug, klug genug bin oder überhaupt irgendwie liebenswert sei. Ich versuche nicht mehr zu zulassen, voll mit Selbstzweifeln und Unsicherheiten zu sein und 1000 Gründe zu finden, warum man(n) mich nicht lieben könnte. Ich weiß heute, dass ich so wie ich bin alles wert bin!

Ich bin aus vielen Dingen und Menschen herausgewachsen und das war und ist nicht einfach. Schwierig bin ich geworden, sagen sie, egoistisch und ja, ich gestehe, es sind auch nur eine Handvoll Menschen übrig geblieben, die mit meinem neuen „Ich" konform gehen, die mich lieben wie ich bin.

Trotz oder wegen all dem habe ich mich aber auch noch nie freier gefühlt, hatte noch nie das Gefühl so bei mir zu sein und mich selbst endlich zu kennen und zu lieben wie im Moment – eben weil ich mich nicht mehr verbiege, nur um es anderen recht zu machen. Ich bin durchaus kompromissbereit, gehe aber nicht mehr über meine Grenzen, von denen nur ich weiß, wann ich sie ziehen muss.

Oh ja – irgendwo auf dem Weg zu mir selbst bin ich wahrscheinlich auch ein ganz klein wenig verrückt und "eigen" geworden. Aber das ist wohl so, wenn man mutig genug ist, sich dem Chaos zu stellen, in den Horror seines „Selbst" einzutauchen und herauszufinden, wer man ist und wo man steht.

Ja, ich dachte wirklich, ich habe es geschafft, bin auf dem richtigen Weg und kenne mich und meine Bedürfnisse, meine ganzen „Wenn" und „Aber", „Für" und „Wider". Mir ging es gut, mit meiner neu gewonnen Freiheit, ich zu sein! Und dann?

Dann hat mir die liebe Liebe einen Strich durch meine all so schöne Rechnung gemacht, durch all das, was ich meinte von mir zu wissen.

Sie kam anders diesmal, nicht so wie ich sie bisher kannte, sondern ruhig, wissend, selbstverständlich, akzeptierend und annehmend – und damit stellt sie meine komplette Welt samt mich selbst auf den Kopf. Ich erkenne mich, die ich mich doch gerade erst wieder gefunden zu haben schien, nicht mehr wieder.

Sie bringt die toughe, starke Frau zur Strecke und macht das Vollblutweib schwach, gefühlsduselig, hoch emotional (noch mehr als sowieso schon) und verletzlich.

Ich weiß nicht, ob ich diese neue Seite an mir, die mir dieses Ding namens „Liebe" zeigt, mag. Ich weiß nicht, ob ich sanft, dünnhäutig, emotional berührbar sein möchte, vermeintlich gar nicht mehr ich selbst, die Powerfrau, von der alle sagen „Du bist stark! Du schaffst das!".

Aber es ist eine Erfahrung, nein, geradezu eine Herausforderung, mir einzugestehen, dass wohl auch ich noch schwach werden kann und vor allem sein darf. Vielleicht macht mich ja genau das in meiner Ganzheit aus? Auch, wenn ich mich schwer daran gewöhnen muss, vermeintlich nicht mehr „ich selbst" zu sein und todesmutig zu mir und diesen neuen Gefühlen zu stehen. Ja, ich habe auf dem Weg zu mir zumindest gelernt keine Spielchen mehr zu spielen und nichts zu verschweigen!

Soll ich Euch was sagen? Ich werde auch diese Seite von mir lieben lernen, irgendwie vervollständigt sie mich nämlich!

Das Leben hält wohl immer wieder eine Überraschung bereit und man lernt nie aus – es wird nicht leichter, aber man lernt sich besser kennen dabei! Und vielleicht kommt man sich selbst einfach nur näher. Es scheint, als gäbe es auf dem Weg zu mir noch viel zu entdecken... ich freu' mich drauf - denn eins kann ich mit bestem Gewissen sagen: die Reise raus aus alten Mustern und Dingen, die mich von Leben abhielten, lohnt sich!

Falls Ihr Euch auch auf den beschwerlichen Weg macht oder gerade dabei seid – geht mutig weiter! Aber es schadet auch nicht, ab und an mal eine Rast einzulegen, Luft zu holen, eine Pause von sich selbst zu machen und manches sacken zu lassen.

Dieses Leben ist ein einziges Abenteuer! Auf dem Weg zu mir bin ich ganz schön risikobereit geworden!

Herzen brechen mit einer solchen Intensität

Wenn es auch nur den Hauch einer Chance gibt
glücklich zu sein,
musst Du alles dafür tun –
dachte ich immer.
Dein Leben ist zu kurz und Glück so selten –
dachte ich immer.
Und deswegen war ich nie jemand,
der schnell aufgab –
ich war schon immer eine Kämpferin.
Doch manchmal brechen Herzen mit einer solchen Intensität,
dass man sich wundert,
warum der Gegenüber den Donnerschlag nicht hört
und Dich die Nachbarn nicht wegen Ruhestörung anzeigen.
Vielleicht hat man einfach schon verloren,
wenn man kämpft?
Was kann man eigentlich mehr verlieren als sein Herz?
Ein gebrochenes Herz brennt wie Höllenfeuer –
aber durch diese Hölle bin ich schon gegangen…
Ich kenne sie.
Also glaube mir, wenn ich Dir sage,
dass vielleicht Du Dich fürchten solltest,
denn ich blicke mit einem Lächeln in dieses Feuer –
ich kenne es und fürchte es nicht mehr.
Ich war schon immer eine Kämpferin!
Was habe ich schon zu verlieren außer mein
vernarbtes, verbranntes und mit einem Donnerschlag (erneut)
gebrochenes Herz?
Manchmal brechen Herzen mit einer solchen Intensität,
dass man sich wundert…

***

Irgendwann wird alles gut!
Irgendwann… demnächst… ein ander Mal!
Und was, wenn wir nur ein „Jetzt" haben?
Was, wenn uns nicht mehr bleibt als das?
Jetzt!
Weil „Irgendwann demnächst mal"
eine zu große Unbekannte ist.
Jetzt!
Es könnte (und wird vielleicht) unser letztes Mal sein!

Liebesbrief – Weil Du da bist...

Liebster,

Du hast meine Seele berührt bevor Du auch nur einen Zentimeter meiner Haut angefasst hast. Die tiefe Vertrautheit, mit der Du ergründest, erstaunt mich immer wieder. Du hast mich genau zur richtigen Zeit gefunden... Genau auf Dich hat es sich gelohnt zu warten!

Es ist so selbstverständlich mit Dir zusammen zu sein, dass es scheint als ob wir uns bereits seit mehreren Leben kennen. Wie schön es ist, dass Du alles hören möchtest, was in meinem Kopf vor sich geht und noch schöner, dass Du mich gut genug kennst, um zu wissen, dass ich vor Dir kein Geheimnis für mich behalten kann (auch, wenn ich das gar nicht möchte), weil Du in meinem Gesicht die Wahrheit lesen kannst. Und neben all unseren Worten sprechen auch unsere Blicke Bände...

Du hast mir gezeigt, dass mein vernarbtes Herz noch Flügel hat.

Du beflügelst es, weil Du mir zwar seltenst „Ich liebe Dich" sagst, mir aber jeden Tag zeigst, dass es so ist. Du kümmerst Dich und vor allem bist Du für mich da! Gerade jetzt in der schweren Zeit beweist Du mir täglich was es heißt die Frau an Deiner Seite zu sein. Ich liebe Dich – das lässt mich zwar manchmal an meiner Zurechnungsfähigkeit, aber nicht mehr an der Tatsache an sich zweifeln... ich liebe Dich!

Du lässt keinen Zentimeter von mir unberührt – und wer denkt, dass ich damit nur von Haut spreche, hat keine Ahnung von Liebe... Du berührst mein Herz und meine Seele.

Alles von mir lässt Du bei Dir ankommen... Heimat, das sind keine vier Wände oder ein Ort, das sind Deine Augen und Dein Herzschlag. Genau darin finde ich so viel Zuhause wie nirgends sonst. Egal wie sehr Du mich manchmal aufwühlst, bei Dir komme ich auch immer wieder zur Ruhe.

Inmitten all meines Chaos stehst Du an meiner Seite!

Du bist einfach da... und das macht alles – so schwer es auch sein mag – irgendwie leichter.

Weil Du da bist fühle ich mich auch schwach stark.

Weil Du da bist fühle ich mich nicht mehr allein.

Weil Du da bist macht alles plötzlich irgendwie Sinn.

Weil Du da bist...!

Danke...

Die Deine

***

*Wenn Frauen sich verlieben,
verlieren sie nicht nur ihr Herz,
sondern auch immer ein wenig
den Verstand!
Ja, Frauen sind verrückt
und Männer sind Idioten,
aber wenn die richtige Verrückte
auf den richtigen Idioten trifft,
kann es entgegen jedweder Umstände
zu den wundervollsten Momenten kommen!*

***

*Man hat keine Ahnung,
wie wichtig das richtige Timing ist,
bis man auf jemanden trifft,
mit dem alles so selbstverständlich erscheint,
bis auf die äußeren Umstände,
wegen derer man nicht zusammen sein kann!*

Der Herr Kapellmeister

Ein ganz besonderer Mensch in meinem Leben ist mein Herr Kapellmeister, der an mich und meinen Wunsch zu singen geglaubt hat. Vor zwei Jahren, kurz vor Weihnachten, haben wir zusammen "Hallelujah" aufgenommen - ein Lied, das mir im wahrsten Sinne des Wortes unter die Haut geht (ich habe es sogar tätowiert). Ein Weihnachtswunder, denn zum einen hat er längst verloren geglaubte Emotionen mit der Musik in mir hoch geholt und zum anderen hätte ich nie gedacht, wie toll ich mich anhören kann...

Die Abende im "Hexenhäuschen" des Herrn Kapellmeister, ich singend, er an Gitarre oder Klavier, das war wie Kurzurlaub für mich. Alles von der Seele singen, Ärger, Kummer, Stress und das mit meinen "ignoranten Idioten", der mich immer ohne große Worte verstanden hat oder auch einfach nur in den Arm nahm und mich heulen ließ, wenn mich die Musik, das Singen und Emotionen mal wieder überflutet haben, der immer ein offenes Ohr und eine Umarmung für mich hatte.

Der Herr Kapellmeister und ich sind der lebende Beweis, dass es eben doch einfach nur Freundschaft zwischen Mann und Frau geben kann! Dabei haben wir uns klassisch im Internet kennengelernt und hatten sogar ein wundervolles erstes Date... bei dem wir sehr schnell feststellten, dass das zwischen uns eine ganz besondere Liebe ist. In einer alkoholgeschwängerten Nacht haben wir uns einmal gefragt, warum wir uns so (rein platonisch) lieben, uns aber nie ineinander verliebt haben und kamen einhellig zu einem "Weil wir es sonst echt versaut hätten" *;-)*

Der Herr Kapellmeister hat an mich und meinen Traum vom Singen geglaubt und Töne aus mir herausgeholt, von denen ich nie gedacht hätte, dass sie in mir drin stecken. Als ich die CD mit unserem "Hallelujah" das erste Mal in Händen hielt und mir vor Rührung die Tränen kamen, habe ich ihm gesagt, wie dankbar ich ihm dafür bin, dass er mir das ermöglich hat, für die Nächte im Studio mit Musik und so guten Gesprächen und vor allem seinen Glauben an mich, dafür dass er so ein guter Freund ist und ich keine Ahnung habe, wie ich das alles wieder gut machen kann. Er hat geantwortet: "Du hast mich mit der Musik in Deine Seele blicken lassen. Das ist mehr als genug - nein, das ist alles." Ja, so kann er sein, der Herr Kapellmeister.

Als er mir dann erzählte, dass er auswandert, habe ich mich unbändig für ihn gefreut und gleichzeitig einen existenziellen Teil meines

Lebens verloren - ihn und die Musik. Noch heute wähle ich manchmal, wenn es mir schlecht geht, wie automatisch seine Nummer, um zu fragen, ob ich kurz auf ein Bier rüberkommen kann, bis mich die Ansage daran erinnert, dass der gewünschte Gesprächspartner gerade nicht erreichbar ist. Ich wusste, dass es schwer wird ohne ihn, hätte aber nie gedacht, wie sehr ich ihn vermisse. Noch heute kann ich gewisse Lieder nicht hören ohne an ihn und unsere Nächte im Studio zu denken und dabei muss ich dann das ein oder andere Tränchen verdrücken.

So wie mir das "Hallelujah" immer noch und immer wieder unter die Haut geht, gibt es auch Menschen, die eine so wichtige Rolle (egal wie groß oder klein sie sein mag) in meinem Leben spielen, dass sie mir, was auch passiert, unter die Haut gehen.

Der Herr Kapellmeister hat an mich geglaubt und mir den Glauben an mich und die Musik geschenkt! Eines der schönsten, wichtigsten und emotionalsten Weihnachtsgeschenke meines Lebens ist unser gemeinsames "Hallelujah" auf CD.

Deswegen kommt heute ein "Hallelujah" auf unser Wiedersehen – ganz egal wo und wann - und wenn es nur für eine kurze Umarmung ist...

HALLELUJAH!

***

Manchmal ist einem gar nicht bewusst,
dass man etwas vermisst,
bis man es nicht mehr vermisst

Sag mir...

Sag mir, ob Du mir hoch helfen kannst, wenn ich am Boden bin?
Reichst Du mir Deine Hand, damit ich wieder aufstehen kann?
Sag mir, ob Du mich runter holst, wenn ich zu explodieren drohe?
Redest Du so lange leise auf mich ein bis ich mich beruhigt habe?
Sag mir ob Du mich meinem Alltag entreißen wirst?
Machst Du mit mir die Nacht zum Tag und den Tag zur Nacht?
Sag mir, ob mit Dir alles ein bisschen weniger kalt sein wird?
Wärmst Du mich, wenn ich an mir selbst zu erfrieren drohe?
Sag mir, ob Du mich schätzen wirst?
Wenn ich meinen eigenen Selbstwert vergesse, erinnerst Du mich dann daran,
wer ich bin und vor allem zeigst Du mir dann, wer ich für Dich bin?
Sag mir, ob Du mich zärtlich halten wirst?
Nimmst Du mich in den Arm, wenn ich mich selbst nicht mehr verstehen kann?
Sag mir, ob Du mir die Welt kunterbunt malst?
Kannst Du sie in den schönsten Farben für mich zeichnen,
wenn mich schwarz und weiß ermüden?
Sag mir, ob Du mich die Magie Deiner Berührungen spüren lässt?
Werden Deine Finger sanfte Linien auf mein Gesicht malen und es mit Liebe zeichnen?
Sag mir, ob Du aus dem kleinsten unserer beider Bestandteile eine Zukunft für uns basteln kannst?
Wird das, was wir auf Sand bauen, uns eine feste Basis sein?
Sag mir, ob Du mir ein Zuhause bist?
Bist Du derjenige, bei dem ich ankomme kann und mich geborgen fühle?
Sag mir, ob ich an uns festhalten kann?
Wenn alles um mich herum zu zerbrechen droht,
bist Du mir dann ein sicherer Fels und bietest mir Schutz?
Sag mir, ob Du jeder Fantasie, die ich habe, eine Realität entgegensetzt?
Können wir unsere gemeinsamen Träume zusammen verwirklichen?
Sag mir, ob Du zu allem bereit bist, wenn ich innerlich brenne?
Gibst Du meinem Feuer Zunder oder löschst Du es wenn nötig?
Sag mir, ob Du mir unbekannte Plätze zeigst?
Bringst Du mich auch emotional an Orte,
an denen ich noch nie zuvor gewesen bin?
Sag mir, ob Du mich irgendwann vergessen wirst?
Werden wir das was wir heute haben retten können,
auch wenn es ein „uns" nicht mehr geben wird?
Sag mir, ob das was uns verbindet mehr für Dich ist,

als eine kurze Romanze im Kerzenlicht?
Reichen wir über einen kurzen Flug zu den Sternen hinaus?
Sag mir, ob ich mich täusche, wenn ich befürchte,
dass Du mich fallen lassen wirst?
Wirst Du bei mir bleiben, auch wenn harte Zeiten auf uns zukommen?
Sag mir, ob Du mich zusammensetzt,
wenn ich in all meine Einzelteilen zerbrochen zu Dir komme?
Wirst Du jedes kleinste Stück von mir wieder zu einem Ganzen
machen und mich heilen?
Ich kann Dir sagen, dass ich Dich so sehr liebe,
dass ich nach „mehr" verlangen werde,
auch, wenn wir eine Ewigkeit miteinander verbringen.
Ich kann Dir sagen, dass Du mir gezeigt hast,
dass es im Leben so viel mehr geben muss,
als einfach nur zu überleben.
Ich kann Dir sagen, dass ich in dem Moment als ich Dich zum ersten
Mal sah wusste,
dass der Rest der Welt unbedeutend ist.
Ich kann Dir sagen, dass nichts zählt außer wir beide wenn ich bei Dir
bin.
Ich kann Dir sagen, dass Du mir mehr bedeutest, als ich Dir je zeigen
kann.
Ich kann Dir sagen, dass ich für Dein Glück genauso bete wie für
meines.
Sag mir, ob wir träumen?
Ich kann Dir sagen, dass ich mich noch nie so lebendig gefühlt habe!

***

Kannst Du mich so lieben wie ich bin
und nicht nur so
wie Du mich gerne hättest?

NEIN – ich möchte das nicht!

Eine Geschichte mit 1000 Titeln:

„Nein! Ich möchte das nicht!"
„Lass mich kurz drüber nachdenken... ähm... NÖ!"
„Was Neujahrsgrüße mit Belästigung zu tun haben."
„Mann, Mann, Mann."

Letztlich: wie ich mal wieder vom 100sten ins 1000ste kommen werde – über Weihnachten über Silvester zur Belästigung...

Die Ereignisse zur Silvesternacht in Köln 2015 / 2016 (ich nehme das jetzt mal als Beispiel für all die anderen Städte) werden gerade heiß diskutiert. Ich mag Euch eine Geschichte erzählen...

Angefangen hat es damit, dass mich ab dem 23.12. etliche Weihnachtsgrüße per WhatsApp ereilten – hier ein Foto, da ein Video. Nach dem 10. habe ich beschlossen, diese nicht mehr zu beantworten – nicht, weil ich mich nicht gefreut habe, sondern weil auf meinen Dank meist ein „Bitte gern geschehen" folgte, man irgendwie vom 100sten ins 1000ste kam und ich mich dabei erwischte, dass ich am 24. das Haus mit einer Stunde Verspätung verließ, weil ich ständig in mein Handy getippt habe. Die ganzen Videos verstopften meinen Speicher und nach dem dritten Mal ist weder ein Schlumpf noch ein Schneemann mehr lustig. Nicht, dass ich mich nicht darüber gefreut habe, wer so alles an mich gedacht hat, vor allem die, die es sonst das ganze Jahr nicht tun, aber nach dem 10. Video habe ich einfach beschlossen: ich bin dieses Jahr raus!!! Das ist überhaupt nicht persönlich gemeint, aber ich hatte hier alle gegrüßt und ein paar wenigen auch persönlich alles Gute zu Weihnachten, Neujahr, den Festtagen oder was auch immer gewünscht – dieser Hype wurde mir einfach zu groß. Deswegen habe ich zwar die Wünsche zumeist freudig entgegengenommen, kam aber mit dem Antworten nicht mehr nach und habe es dann auch schlicht gelassen – ganz ohne es böse oder persönlich zu meinen.

Nichts desto trotz kamen da urplötzlich Menschen aus irgendwelchen Löchern gekrochen, die sich nicht nur im kompletten vergangenen Jahr nicht gemeldet haben, sondern auch das Jahr davor und manchmal sogar das davor nicht. Über manche freut man sich ja, egal wie lange sie sich nicht mehr gemeldet haben, aber bei den meisten dachte ich nur: „HÄÄÄÄ???"

Vor allem haben mir Männer geschrieben, deren Nummern noch nicht mal mehr bei mir gespeichert waren und ich keine Ahnung hatte, wer denn da auf einmal meinte mir ein frohes Fest wünschen zu müssen. Nun gut... die Feiertage machen natürlich auf eine gewisse Art der Einsamkeit bewusst oder auch dem Schauspiel auf „heile Welt oder Familie" zu machen einen Strich durch die Rechnung. Die Feiertage lassen anscheinend viel Raum, um sich anderweitig ausleben zu müssen.

Ja, durch die Recherche zu „Mit rasierten Beinen spricht sich's besser!" und das jahrelange Singleleben hatte ich natürlich einige Dates und auch telefonische Kontakte, so dass ich mindestens 12 Nachrichten von Männern erhielt, zu denen ich nicht nur bereits monatelang keinerlei Verbindung mehr hatte, sondern mit denen ich vor allem nie etwas hatte.

Normalerweise hätte ich diese Nachrichten mit einem kopfschüttelnden Schulterzucken beantwortet – rein der Höflichkeit halber – man hätte sich zwei – drei Mal hin und her geschrieben, es wäre ein „Lass uns doch mal wieder einen Kaffee zusammen trinken gehen" gefolgt, was nie stattgefunden hätte, nur als dass man in diesem Jahr das gleiche Prozedere von vorne begonnen hätte. Oder ich hätte es einfach ignoriert, was aber wohl denselben Effekt gebracht hätte: Weihnachten 2016 wären sie wieder aus ihren Löchern gekrochen gekommen.

Nein! Ich möchte das nicht! Also habe ich mir dieses Jahr Zeit genommen und auf diese Nachrichten von Männern geantwortet, habe ganz höflich darauf hingewiesen, dass es einen Grund gibt, warum Nummern bei mir nicht mehr gespeichert sind oder warum es so lange keinen Kontakt gab oder warum ich nach Monaten ohne Kontakt keine Veranlassung sehe, diesen wieder aufleben zu lassen oder auch, dass es einen Grund gibt, warum ich mich nicht gemeldet habe oder ich kein Interesse hatte oder es einfach nicht funktioniert hat. Vor allem sehe ich keinen Grund darin mit jemanden zu kommunizieren, der sich monatelang nicht gemeldet hat. Verabschiedet habe ich mich in allen Fällen mit einem freundlichen „Sei mir nicht böse, aber ich sehe keinen Grund, warum wir weiter in Kontakt bleiben sollten. Schön, dass Du an mich gedacht hast, aber bitte lösche meine Nummer. Alles Gute für Dich!"

Nie, wirklich NIE, hätte ich damit gerechnet, in welches Wespennest ich damit steche. Nur einer antwortete freundlich und mit Verständnis und wünschte auch mir alles Gute, ansonsten erhielt ich

Erklärungsversuche, warum man(n) noch eine Chance verdient hätte (auch wenn man immer noch gebunden ist – mei, läuft halt nicht so), über die ich meist Schmunzeln konnte. Erschreckt haben mich aber die, die sich persönlich angegriffen fühlten, die nicht locker ließen, immer wieder schrieben und letztlich gar gemein oder beleidigend wurden. Ich war mehr als überrascht darüber, wie persönlich jemand eine ganz allgemein formulierte Absage nehmen kann. An für sich wollte ich die entsprechenden Nummern blockieren, aber zu sehen welche Formen und Ausmaße das annimmt, hat mich es erstmal nicht tun lassen.

Es war meine ganz eigene Studie darüber, was ein „Nein, ich möchte das nicht!" bewirken und auslösen kann. Je vehementer ich bei meinem „Nein!" blieb, umso mehr Nachrichten erhielt ich – von bettelnd über fordernd zu beschimpfend. Unfassbar!

Noch ein Beispiel: Ich war vor ein paar Wochen alleine aus und lernte einen Mann kennen. Wir unterhielten uns und plötzlich meinte er mich anfassen zu müssen, er begann mir den Nacken zu streicheln. Ich reagierte mit einem freundlich-bestimmten: „Nur gucken, nicht anfassen!", was ihn aber nicht davon abhielt mich wieder und wieder anzufassen – ich HASSE es, wenn mich Menschen, die ich nicht kenne anfassen. Ich lasse mich noch nicht einmal massieren, weil ich das nicht mag (im Gegensatz zu Menschen, die ich mag, da liebe ich es anzufassen und angefasst zu werden, aber das ist ein anderes Thema). Auch hier wurde mein „Nein! Ich möchte das nicht!" konsequent ignoriert, so dass ich aufgestanden und gegangen bin. Wir reden von einem ganz normalen Gespräch in einer Kneipe und nein, ich habe weder geflirtet, noch trug ich einen Minirock!

Bei einer anderen Veranstaltung musste sich mein schwuler Freund als mein Partner ausgeben, weil ein Herr der Schöpfung es so gar nicht verstehen konnte, dass seine Anmachen ins Leere liefen - sicher wäre ich wohl auch alleine klar gekommen, aber wie anstrengend sich immer wiederholen zu müssen und dass eine "kalte Schulter" konsequent ignoriert wird! Und wie überzeugt manche Männer von sich sind... "die kleine, dicke" muss ja froh sein, dass sie angemacht wird, oder? Und wenn sie das beim ersten Mal noch nicht ist, machen wir das so lange, bis sie will?! Pffftttt... sage ich dazu nur!

Ein anderes „Erlebnis" war mein unschönes Zusammentreffen mit einem Mann im Sommer, auf das ich hier nicht näher eingehen möchte, aber auch hier hatte ich diesen Zusammenstoß in keinster Weise provoziert und mehr Glück als Verstand, dass ich meinen Hund dabei hatte, die sich zähnefletschend vor mich gestellt und mich beschützt hat. Ich will gar nicht darüber nachdenken, was passiert wäre, wäre ich ohne Daisy unterwegs gewesen und noch heute gehe ich nicht mehr außerhalb der Sichtweite zu Häusern mit ihr spazieren. Der Schock sitzt immer noch!

Auf einer Feier meinte mein Exfreund die Tatsache, dass wir mal zusammen waren sei der Freifahrtschein, um mich nach wie vor angrabschen zu dürfen. Auch er hat die Bedeutung von mehrmaligem "Nein! Ich möchte das nicht!" nicht verstanden. Und nur weil er es mal durfte, ist das kein lebenslanges Recht!

Das alles sind Einzelbeispiele von denen ich locker noch 10 weitere aufführen könnte, auch welche, die nicht ganz so „harmlos" abliefen.

Worauf ich hinaus möchte ist folgendes: all diese Männer sind deutscher Staatsbürgerschaft und von gewissem Bildungsstand.

Für all diese Männer war mein „Nein! Ich möchte das nicht!" eine Lachnummer, etwas, das man(n) nicht ernst genommen hat. Und ja, ich empfinde es durchaus „schon" als Belästigung, wenn man meine Bitte auf Kontaktabbruch mit beeindruckender Arroganz ignoriert. Auch das ist Belästigung! Wenn auch zum Glück nicht mit dem zu vergleichen, was in der Silvesternacht passiert ist.

Jetzt diskutiert man also darüber, dass sich die „jungen Mädchen" nicht mehr so aufreizend anziehen, nur noch in Gruppen weggehen und Männer, die ihnen fremd sind auf „eine Armlänge" von sich abhalten sollten.

Will man uns eigentlich verarschen? Ich bin kein junges Mädchen mehr – ich bin eine gestandene Frau, aber auch ich war schon in Situationen, wo ich nicht mehr in der Lage war mich zu wehren, wo alle Vernunft nicht mehr weiter geholfen hat, wo mich die Angst gelähmt hat, ich ausgeliefert war – nur einem einzigen Mann! In Köln wurden Frauen von mehreren 100 Männern belästigt! Ob da eine „Armlänge" Abstand wohl geholfen hätte?

Ich weiß, wie sehr einen die Frage quält, ob man es irgendwie provoziert haben könnte, wenn man plötzlich Opfer ist! Bullshit! Nichts rein gar nichts entschuldigt so etwas! Selbst wenn ich freiwillig nackt unter einem Mann liege und dann beschließe es nicht mehr zu wollen, ist ein NEIN ein NEIN – das ist kein „Vielleicht" oder ein

„Naja, vielleicht doch" oder gar ein „verstecktes" Ja – das ist ein NEIN!!!

Mich ärgert es, dass dieser Vorfall in Köln jetzt wieder die Flüchtlingsfrage aufwirft, dass diese Idioten dafür verantwortlich sind, dass auch die Menschen, die wirklich Hilfe und Schutz suchen mit da rein gezogen werden. Mich ärgert es, dass Frauen sich an Verhaltensregeln halten sollen und mich ärgert es, dass wahrscheinlich nur ein Zeigefinger erhoben wird und keine harten Konsequenzen folgen. Mich ärgert die Angst, die das alles nach sich zieht!

Nach wie vor bin ich der Meinung, dass jeder, der aus seiner Heimat flüchten muss, bei uns Schutz und Hilfe erhalten sollte – solange er sich nicht nur an unsere Gesetze, sondern auch an unsere gesellschaftlichen Werte hält – von jeglicher religiösen Überzeugung abgesehen. Und ja, ich bin der Meinung, dass jeder, der dazu nicht in der Lage ist und auffällig wird sofort und ohne Diskussion ausgewiesen werden sollte, wenn er kein deutscher Staatsbürger ist. Wie? Wenn er kein Deutscher ist? Leider können wir die Arschlöcher, die deutsch sind und sich nicht an unsere Gesetze und Regeln halten eben nicht so einfach ausweisen, sonst würde ich nämlich auch dafür massivst plädieren!

JEDER, der sich nicht an unsere Gesetze, Werte, Regeln und gesellschaftlichen Formen hält, muss mit schärfsten Konsequenzen zu rechnen haben – egal ob er Frauen sexuell belästigt oder Flüchtlingsheime anzündet – letztlich ist es mir scheißegal, ob das ein Deutscher oder Ausländer ist – wer sich wie ein Arschloch verhält, muss mit aller Härte bestraft werden – entweder durch Haft oder Ausweisung!

Was mich ärgert? Dass die Diskussion um Gewalt gegen Frauen erst jetzt wieder in den Fokus gerät und dass die geistig minderbemittelten „Rechten" damit wieder einen Grund finden, um zu hetzen.
Was mich ärgert? Dass irgendwelche Arschlöcher ganze Volksgruppen in ein schlechtes Licht rücken.
Was mich ärgert? Dass die, die sich bemühen sich zu integrieren, durch solche verabscheuungswürdigen Aktionen jeder Chance beraubt werden!
Was mich ärgert? Dass Gewalt gegen Frauen – und sei es „nur" eine Belästigung – tagtäglich stattfindet.
Was mich ärgert? Dass wir im Kleinen schon nicht in der Lage sind etwas dagegen zu unternehmen und dass Köln uns zeigt, dass wir es im Großen schon gleich zwei Mal nicht sind.

Was mich ärgert? Dass man Opfer zu Tätern macht, dass man Verhaltensregeln ausgibt, die den Opfern eine Teilschuld einräumen – was für ein Schwachsinn!
Was mich ärgert? Dass ich angeblich sicherer lebe, wenn ich „eine Armlänge" Abstand halte.
Was mich ärgert? Dass es nicht nur die „bösen" Nordafrikaner, Muslime usw sind, sondern auch der Nachbar, der Freund, der Ehemann – in Köln waren es nur die Massen durch die Aufmerksamkeit erregt wurde.
Was mich ärgert? Dass jetzt wieder die ganzen Ausländerhasser und Feministinnen aufs Parkett gerufen werden.
Was mich ärgert? Dass der Grat zwischen Flirt und Belästigung immer schmaler wird und man selbst nicht mehr weiß, wann man überreagiert oder sich wehren muss.
Was mich ärgert? Dass die Angst unser Begleiter wird und Angst ist nie ein guter Ratgeber.

Auch ich wurde schon belästigt – egal ob es eher „harmlos" war durch weitere Nachrichten oder auch in anderen, weniger glimpflichen Fällen – bei mir waren es ausnehmend deutsche Männer mit einem gewissen Bildungsstand, weil das nun mal die Männer sind, für die ich mich normalerweise interessiere. Kann ich deswegen pauschalisieren, dass alle so sind?

NEIN! ICH MÖCHTE DAS NICHT!

Wer Frauen (oder auch Männer) belästigt, übergriffig wird, ein „Nein!" ignoriert und seine Finger nicht bei sich behalten kann, ist ein ARSCHLOCH - ganz egal welcher Nationalität!

Was mich am meisten ärgert? Wie hilflos man sich als Frau in so einer Situation fühlt und wie lange es braucht, um diese Übergriffe, Angriffe, Belästigungen oder gar eine Vergewaltigung zu verarbeiten – falls man das überhaupt je kann!

Nein, so etwas möchte ich nicht mehr! Und ich möchte das nicht nur nicht mehr, es macht mich sch... wütend! Und noch einmal: JEDER, der sich so verhält ist ein ARSCHLOCH! Das hat nichts mit der Herkunft zu tun!

So kommt man also von Neujahrsgrüßen zu Belästigungen und Arschlöchern...

Passt bitte auf Euch auf!

Ich liebe es allein zu sein

Ich liebe es hin und wieder völlig allein zu sein –
Es mir in meiner eigenen Wohnung gemütlich zu machen.
Allein – nicht umgeben von Menschen.
Dann will ich auch nicht reden –mit niemanden!
Überhaupt niemanden!
Ich möchte einfach nur meine eigenen Gedanken hören
und nicht die von irgendjemanden sonst.
Ab und an muss ich mich von allem zurückziehen und abschalten,
nicht zur Verfügung stehen.
Dann brauche ich Abstand zu (m)einer Welt,
die voll der Meinungen anderer ist,
in der 1000 Einflüsse auf mich einprasseln
und in der viel zu viele reden,
obwohl sie nichts zu sagen haben.
Manchmal liebe ich die selbstgewählte Einsamkeit.
Dann muss ich die Welt ausschalten,
um zu hören was mir mein Bauch zu sagen hat.
Ich glaube,
nur wer mit sich selbst allein sein kann,
ist gut darin mit anderen zusammen zu sein.

***

Vielleicht verwechseln wir
„anspruchsvoll sein"
nur zu oft mit
„es uns wert sein",
weil es uns jahrelang als anspruchsvoll eingeredet wurde,
wenn wir uns mehr wert waren?

Schluss mit vorgegaukelten Gefühlen

Lieber Mr. X,

mein Gott habe ich an Dir gehangen und mein Gott, dachte ich, dass ich ohne Dich nicht existieren könne. Ich dachte sogar, ich liebe Dich… Dich zu verlieren, dass müsste sein, wie ein Teil meines Selbst zu verlieren… so oder so ähnlich stellte ich mir das vor. Doch dann kam der Tag an dem es einfach nicht mehr weiter ging, an dem mir schlagartig klar wurde, dass ich einer Illusion von Dir hinterherrenne, die es gar nicht gibt, denn all das was ich meinte in Dir zu sehen, das warst Du gar nicht.

Ich fragte mich lange, ob ich mit der Version von Dir leben kann, die Du wirklich an den Tag legtest, aber letztlich wurde mir bewusst, dass ich mehr brauche als jemanden, der es sich in seinem angetrauten Leben gemütlich gemacht hat, letztlich vielleicht sogar mehr als jemanden, der mir in unregelmäßigen Abständen Gefühle vorgaukelt und nur zu mir flüchtet, um seine Akkus zu füllen, damit sein Leben wieder erträglicher wird.

All diese Gedanken ließen nur einen Schluss zu: es muss Schluss sein damit!

Ich dachte, wenn ich Dich verliere, verliere ich ein Teil meines Selbst, dennoch war ich mutig und habe unsere „Beziehung" beendet – um meiner selbst willen. Und ich stellte fest, an dem Tag, an dem ich Dich verließ, dass ich mich gar nicht verliere, sondern dabei bin mich selbst wieder zu finden. Ich startete meine Reise mit zögerlichen Schritten, denn ich war mir nicht sicher, ob ich das richtige tue. Doch Schritt für Schritt finde ich mich selbst wieder und lerne, dass ich gut ohne Dich gehen kann.

Weißt Du, es ist nicht so, dass ich es nicht versucht hätte… als mir klar wurde, dass Du nicht der authentische, geradlinige Typ bist, der für seine Gefühle und Überzeugungen einsteht, als mir klar wurde, dass Du zu feige bist, um für etwas zu kämpfen, dass Dich glücklich macht, da versuchte ich mich Dir anzupassen. Aber irgendwo zwischen dem Versuch die zu sein, die Du brauchst und die zu sein, die ich brauche, um weitermachen zu können, wurde ich wohl für uns beide zur Fremden. Du hast mich nicht mehr verstanden und ich erkannte mich selbst nicht wieder. Meine Ideale und Überzeugungen habe ich gebeugt für Dich und sie mir für mich selbst zurecht gezimmert, damit sie passend werden, aber mir hätte klar sein müssen, dass das auf Dauer nicht gut geht.

Denn ich mag Menschen, die ihre Eigenarten schätzen und das Besondere erkennen, wenn es ihnen begegnet. Ich mag Menschen, die keine Angst vor dem unbequemen Weg haben und die auf ihr Herz hören. Ich mag Menschen, die danach verlangen ihre Träume wahr werden zu lassen, die nachdenken, bevor sie handeln und die mit voller Leidenschaft leben.

Eine ganze Zeitlang dachte ich wirklich Du seist einer von diesen Menschen. Aber letztlich hast Du zwar einen verdammt sexy Hintern, aber keinen Arsch in der Hose. Das ist der Grund warum ich mutig sein und den letzten ersten Schritt gehen musste – Du hättest ewig so weiter gemacht: zwischen den Stühlen, die eine im Sinn, die andere im Bett... ich weiß gar nicht mehr, welche der beiden ich eigentlich war?

Zum Schluss hatte ich nur noch das Gefühl im falschen Film zu sein... und für dieses endlose Drama hatte ich sicherlich keine Eintrittskarte gelöst...

Das schlimmste ist, dass Du all das, was Du bei anderen immer angeprangert hast auch nicht besser gemacht hast... Nein, ich glaube das eigentlich Schlimmste ist, dass ich Dich nicht mehr erkenne... oder... (oh mein Gott!!!) vielleicht erkenne ich ja erst jetzt, wer Du wirklich bist?! Und wenn ich es bislang nicht erkannte, so doch jetzt im Nachgang...

Wie wichtig es Dir schien, dass wir „Freunde bleiben" – unmöglich sei das für mich, meintest Du. Doch auch hier solltest Du Dich irren, denn erstaunlicherweise tat es gar nicht weh so ohne Dich. Es war eher erleichternd nicht mehr auf alles möglich zu warten... Dich, Deine Nachrichten, Treffen. Endlich war dieser immense Druck genommen permanent auf Dich und einen freien Platz in Deinem Terminkalender zu hoffen. Freunde... ja, das hielt ich durchaus für möglich – nicht nur für möglich, eine schöne Vorstellung sogar, denn selbst wenn wir als Paar nicht funktionierten, verstanden hatten wir uns doch schon immer gut, oder?

Doch leider hatte ich auch hier vergessen oder übersehen oder gar nicht erkannt, dass ich noch nie eine Priorität in Deinem Leben war und wohl auch nie eine sein werde. Danke, dass Du mir auch das jetzt eindrücklich zeigst und mich nur darin bestätigst, dass meine Entscheidung „uns" zu beenden richtig war.

Du wolltest mit mir sprechen, das sei Dir wichtig… Weißt Du, wenn ich weiter auf eine Stunde Deiner Zeit warten würde, hätte ich das mit uns noch nicht mal beenden können bislang! Wie traurig, dass ich gezwungen war, es Dir per WhatsApp mitzuteilen, da selbst ein Anruf erst „vielleicht in zwei Tagen" möglich wäre… und jetzt? Auch Wochen später keine Aussprache…

Die Prioritäten liegen anderweitig… und ich kann Dir sagen, dass nun das passiert, was Du eigentlich nicht wolltest: wir drohen jeglichen Kontakt zu verlieren. Denn wir hätten durchaus Freunde sein können, aber nicht so! Denn Freunde sind für mich nur Menschen, die erkennen wann es Zeit wird zu handeln und die Ernsthaftigkeiten und Notwendigkeiten sehen. Leider hast Du hier versagt… das ist das erste und einzige was ich Dir wirklich vorwerfe…

Weißt Du, ich bin schon oft gefallen, weinte, war wütend oder ängstlich, aber auch wenn ich verletzt war, fand ich immer wieder einen Weg um aufzustehen und weiter zu gehen – nur werde ich diesen Weg jetzt wohl ganz ohne Dich gehen. Du willst mein „Freund" sein? Dann verhalte Dich nicht wie ein entfernter Bekannter…

Du hast mir im letzten Jahr so oft gesagt, wie wichtig ich Dir bin… auch das nur leere Worte?

Du wolltest mit mir reden, dann rede auch! Ich schreibe Dir, denn zum Reden kommen wir ja nicht. Ich mag nicht mehr darüber nachdenken was taktvoll oder angemessen ist, sondern ich werde aufrichtig und ehrlich zu Dir sein – ich bin nicht an Höflichkeiten interessiert, ich sage Dir authentisch und gerade heraus, was ich denke:

Durch Dein Verhalten bist Du leider weit davon entfernt, mein „Freund" zu sein!

Schade eigentlich…

Herzliche Grüße,

Deine XY

Aug in Aug mit dem Teufel – in der Höhle des Löwen

Ich kenne Menschen, die glauben, die besten Jahre ihres Lebens mit der falschen Person in der falschen Beziehung verschwendet zu haben. Sie hingen Jahre in einer nicht funktionierenden Partnerschaft fest, waren nahezu abhängig und kamen einfach nicht da raus.

Nur bringt es halt leider so gar nichts über „verschwendete" Zeit zu lamentieren, denn an der Vergangenheit kann man nun mal nichts mehr ändern. Vielleicht hilft es sich bewusst zu machen, dass nichts durch das man hindurch ging verlorene Zeit mit sich brachte? Die gemachten Erfahrungen – egal, ob gute oder schlechte – lassen uns wachsen und reifen und wir sollten aus ihnen lernen. Die Herausforderungen haben uns geschliffen und zu den Menschen gemacht, die wir jetzt sind.

Leider haben sie aber viele auch verbittert, viele sind hart geworden, desillusioniert, weil sie an einer unglücklichen Beziehung festhielten – dabei kann doch niemand etwas dafür, dass man nicht rechtzeitig den Absprung geschafft hat.

An einer schlechten Beziehung festzuhalten hat nichts Poetisches oder Schönes, um jemanden oder etwas „zu kämpfen" ist weit davon entfernt romantisch zu sein. Bei jemanden zu bleiben, der einen verletzt oder nicht zu schätzen weiß ist nicht erfüllend - man opfert sich nur auf.

Was schön ist, ist weiter zu gehen. Was schön ist, ist sich wieder auf sich selbst zu konzentrieren. Sich selbst zu lieben, wie man ist, unabhängig davon, was andere in einem sehen.

Niemand trägt Schuld daran, wenn man nicht bereit ist zu gehen und niemand kann einen Vorwurf machen, wenn man bleibt – nur darüber verbittern, das darf man dann auch nicht. Denn kein zukünftiger Partner kann etwas für den „Sch…" durch den wir (viel zu oft freiwillig) gegangen sind!

Wenn wir festhalten und / oder unsere Vergangenheit nicht bewältigen, passiert nur eines: wir verarbeiten nicht, sondern werden von Tag zu Tag unzufriedener und das füllt uns nicht aus, sondern macht uns unglücklich mit uns selbst. Wir drohen an der Frage nach einem „Warum?" und „Wieso?" zu verzweifeln.

Wenn wir dann auf einen Menschen treffen, dem es genauso geht wie uns, kann daraus nie eine gesunde Beziehung entstehen. Wenn zwei „unvollständige", verbitterte Menschen zusammen kommen und eine Partnerschaft eingehen, vervollständigen sie sich nicht, sondern beuten sich aus, zerfleischen sich im schlimmsten Falle gar. Jeder wird nur versuchen seine Unzulänglichkeiten auf dem Rücken des anderen auszutragen und letztlich landen wir da, wo wir hergekommen sind: mit uns selbst und dem anderen allein!

Man kann das was man sich selbst nicht zugesteht bei keinem anderen finden. Kein anderer kann unsere eigenen Lücken füllen. Wenn wir nichts zu lachen haben, wie soll uns jemand zum Lachen bringen? Wenn wir uns nicht lieben, wie soll es ein anderer tun?

Warum also sollten wir unsere „besten Jahre" mit Menschen an unserer Seite „verschwenden", die uns verbittern lassen, mit denen wir weder glücklich noch zufrieden sind? Im Gegenzug stellt sich natürlich die Frage, ob wir mit uns selbst allein glücklich und zufrieden sein können? Das wäre nämlich fürs Erste das Ziel.

Wenn uns aber jemand wirklich nicht gut tut, uns klein hält, uns am Wachsen hindert, unsere Träume belächelt, an einer gemeinsamen Zukunft nicht interessiert ist und uns zum Weinen bringt, dann macht das „Alleinsein" vielleicht erstmal Angst, man wird aber schnell feststellen, dass es im Gegenzug zu einem täglichen Kampf wirklich unheimlich befreiend sein kann.

Und überhaupt: wenn uns jemand regelmäßig zum Weinen bringt, sollten wir uns fragen, ob wir mit einem Menschen oder einer Zwiebel zusammen sind!

Letztlich wird es nie mehr so, wie es am Anfang einer Beziehung in den „glücklichen Zeiten" war... auch wenn wir uns das immer wieder einzureden versuchen. Wenn gewisse Grenzen erstmal überschritten sind, sich unschöne Dinge eingeschlichen haben, kommen wir nie zu den schönen Anfangszeiten zurück. Das muss uns bewusst werden – vielleicht macht uns das das Abschiednehmen aus der Höhle des Löwen leichter?!

Wenn man seinen Kopf allerdings weiter ins Maul des Löwen steckt, muss man sich nicht wundern, wenn der ihn uns irgendwann abbeißt. Und kopflos sind wir doch auch mit Kopf schon genug... das muss doch wirklich nicht sein, oder?

Man kann nicht mit dem Teufel tanzen und sich gleichzeitig fragen, warum man durch die Hölle geht! Und falls man schon mit dem Teufel Tango tanzen will, sollte man zumindest die Schritte beherrschen - auch, wenn es nur die aus dem Tanzsaal raus sind!

Das Schöne am Weitergehen ist doch, dass man dabei so viel Neues entdecken kann! Im besten Fall finden wir uns sogar selbst wieder!

Bleibt nicht stehen! Manchmal ist ein Neuanfang geradezu berauschend und jeder Abschied der Beginn einer Erinnerung.

Geht, solange es noch ein paar schöne Erinnerungen sind, die bleiben und vor allem, bevor ihr verbittert seid und aufhört an Märchen zu glauben!

Zaubert Euch doch einfach mal wieder selbst ein Lächeln ins Gesicht ;-)

Ich bin nicht die Frau...

Ich bin nicht die Frau, die Du einfach abschleppen kannst.
Ich bin nicht die Frau, die Dir eine Perspektive geben kann.
Ich bin nicht die Frau, die beschwipst an der Bar steht,
bereit für einen nichtigen One Night Stand.
Ich bin nicht die Frau,
die keine Ansprüche und Erwartungen an Dich hat.
Ich bin nicht die Frau, mit der alles herrlich einfach ist.
Ich bin nicht die Frau, die versuchen wird Dich
vor allen Übeln dieser Welt zu beschützen.
Ich bin nicht die Frau, deren Lächeln Dir wie die Antwort
auf alle Deine Fragen erscheint.
Ich bin nicht die Frau,
die all Deine Vorurteile und Herausforderungen nichtig macht.
Ich bin nicht die Frau,
die sich furchtlos all Deinen Dämonen stellt.
Ich bin nicht die Frau,
die Umstände widerstandslos hinnehmen wird.
Ich bin nicht die Frau, die Dich teilt und eifersuchtsfrei zusieht,
wie Du mit anderen flirtest.
Ich bin nicht die Frau, die unkompliziert für Dich da sein wird.
Ich bin nicht die Frau, die keine Herausforderung ist.
Aber ich bin die Frau, die Dich emotional berühren wird.
Ich bin die Frau,
mit der Du über Bücher reden und Musik machen kannst.
Ich bin die Frau, die Dir zuhört.
Ich bin die Frau,
die Dich nach einem stressigen Tag in den Arm nimmt.
Ich bin die Frau, die Dir morgens mit verstrubbelten Haaren
ihr erstes Lächeln schenkt.
Ich bin die Frau, bei der Du albern und melancholisch sein darfst.
Ich bin die Frau, die alles versuchen wird, um all Deine Seiten
– die dunklen und die hellen – zu respektieren.
Ich bin die Frau, die Dich lieben wird,
auch wenn Du ein ignoranter Idiot bist.
Ich bin die Frau,
der Du kein „für immer" vorlügen musst,
weil wir keine oberflächlichen Versprechen nötig haben.
Ich bin nicht die Frau,
die Dir den Himmel auf Erden verspricht.
Aber ich bin die Frau, deren König Du sein kannst.

Von der Suche nach Glück

Immer wieder werde ich gefragt, wie man denn dazu kommt ein Buch zu schreiben. Nun, mein erstes Buch „Wenn ein Fremder Schneewittchen wach küsst..." (ISBN 978-3-7357-5065-5) ist mir ja bekanntlich „einfach so passiert" und wenn man einmal ein Buch veröffentlicht hat, kann man einfach nicht mehr damit aufhören und wird zum Wiederholungstäter. Schreiben war schon von klein auf so etwas wie Therapie für mich – Schreiben, Lesen und in andere Welten eintauchen, um genau zu sein

Womit auch das Geheimnis meiner großen Handtaschen gelöst wäre: ich habe immer ein Buch, Notizheft und Stift bei mir *grins*

Ich mag Bücher und leere Seiten, die gefüllt werden möchten. Das ist für mich Luxus – genauso wie gerne mit mir allein sein zu können oder alternativ mit jemanden zusammen sein, der mich versteht. Allein sein, jemand der versteht, Schreiben und Lesen... meine Hauptwohlfühlkomponenten.

Aber da gibt es natürlich noch mehr: Salzwasser und ein leerer Strand am frühen Morgen, der klare Sternenhimmel, ein warmes Bad, Spaghetti-Eis, Pizza aus dem Karton, blaue Tinte, weiches Gras, der Geruch nach einem warmen Sommerregen, ein voller Tank und Vollgas geben können, laute und leise Musik, Singen, barfuß laufen, mein alter Hund, unerwartete Aufmerksamkeiten wie ein für mich gepostetes Lied, eine liebevolle Nachricht, der Geruch eines ungelesenen Buches, ein vergessener Liebesbrief, ein Tag im Bett, traute Zweisamkeit, ein Leben, das darum fleht entdeckt zu werden – all das ist Luxus für mich und hat bei weitem nichts mit materiellen Dingen zu tun. All das bringt mich zur Ruhe und schenkt mir Lebensfreude – all das habe ich immer gesucht.

Ach... um noch mal auf Bücher zurück zukommen... ich kann einfach nicht ohne sie! Die besten Momente beim Lesen sind es für mich übrigens, wenn mir etwas einen Schauer über den Rücken jagt – ein Gedanke, ein Gefühl. Etwas, von dem ich dachte, dass nur ich so denke oder fühle. Und dann fühlt, denkt jemand genauso – jemand, den ich noch nie getroffen habe... das fühlt sich an, als ob mich jemand an die Hand nimmt und fasziniert mich immer wieder.

Umso mehr macht es mich stolz, wenn mich meine Leser wissen lassen, dass meine Worte sie berühren... auch das ist Luxus für mich –

dass meine Worte Menschen erreichen – keine anonymen Leser, sondern Menschen, die mit mir in Kontakt treten, die „sichtbar" werden. Das macht mich demütig und berührt mich.

Mein erstes Buch veröffentlichen – gerade mit dem SM-Thema – das hat Mut erfordert. Auch, wenn es um so viel mehr darin geht... Ich musste meine Komfortzone verlassen und aufhören mit der Herde zu laufen, aufhören „normal" zu sein. Aber wenn man immer nur normal ist, stellt man wohl nie fest, wie außergewöhnlich man sein kann. Ich bin heute trotz aller Ups and Downs sehr froh, dass ich damals mutig war und mich nicht abhalten ließ.

Meine Bücher haben mich ein Stück weit noch mehr dazu gebracht zu sein wer ich bin, eine Person, die ich sonst eifrig zu verstecken versuchte. Wie Schade eigentlich, denn jetzt werde ich geliebt als die Person, die ich bin und nicht als die, die ich immer vorgab zu sein – auch wenn viele vermeintliche „Freunde" dabei „auf der Strecke blieben", ein durchweg berauschendes Gefühl man selbst sein zu dürfen. Endlich kann ich ungezwungen, komisch, eigen sein... meine „schlechten Seiten", die ich sonst unterdrückte, auch mal raus lassen, denn auch die gehören eben zu mir.

Anfangs wurde ich komisch angeschaut, belächelt, als ich sagte, dass ich ein Buch geschrieben habe (noch dazu eines mit expliziten Sexszenen, da viele eben nicht zwischen den Zeilen lesen können - falls sie es überhaupt gelesen haben), aber der Erfolg zeigt mir, dass es richtig so war. Nicht nur der Erfolg meiner Bücher, sondern auch meine Weiterentwicklung machen mich stolz und ich bin davon überzeugt, dass die, die nicht an mich glaubten oder schlecht über mich reden, eines Tages erzählen werden, dass sie mir schon einmal begegnet sind *;-)*

Das ist übrigens eine wichtige Erkenntnis, die mich meine Bücher gelehrt hat: meine Entscheidungen basieren nicht mehr auf dem Rat von Menschen, die nichts mit den Folgen zu tun haben werden. Meine Entscheidungen, meine Konsequenzen – auch wenn sie sich vielleicht manchmal als nicht gut durchdacht herausstellen oder schmerzen – es sind meine Erfahrungen, positiv oder negativ, die mich prägen.

Das Schreiben hat mich außerdem gelehrt, dass es ein grandioses Gefühl ist eine Seite endlich abzuschließen, weil ich feststelle, dass es in einem Buch sehr viel mehr geben wird als die eine Seite an der ich gerade festhänge – diese Metapher lässt sich übrigens auch wunderbar aufs Leben an sich übertragen. Und dieses „Umblättern" nimmt Traurigkeit...

Ich hoffe, lieber Leser, dass auch Dir eines Tages bewusst wird, was Dich traurig macht und Du mutig genug sein wirst, um es hinter Dir zu lassen, um umzublättern, eine neue Seite aufzuschlagen. Und ich hoffe, dass Du Dich verliebst! Bedingungslos! In erster Linie in Bücher, Musik und das Leben - ok, dann vielleicht auch in einen Menschen - aber nicht als Lebensinhalt, sondern als Sahnehäubchen auf dem Tortenstück Deines Lebens.

Ich hoffe, lieber Leser, dass du findest, was Du suchst und glücklich bist.

***

Manchmal braucht das Herz länger um zu akzeptieren
dass der Kopf schon lange weiß,
dass manche Menschen einfach nicht
in Dein Leben passen wollen -
ganz egal,
wie sehr Du es Dir wünschst.

Es kommt die Zeit...

Es kommt die Zeit,
in der man für sich selbst stark sein muss
und um das kämpfen muss, was man liebt,
denn die Liebe ist es wert,
dass man um sie kämpft.
Es kommt aber auch die Zeit,
in der es nicht mehr reicht,
wenn nur einer kämpft und der andere nicht.
Es kommt die Zeit,
in der es Zeit wird weiterzugehen
und sich klar zu machen,
dass das was man selbst bereit ist zu geben mehr ist als das,
was der andere bereit ist zu geben.
Es kommt die Zeit,
in der man einsehen muss,
dass es vielleicht einfach nicht reicht zu lieben.
Es kommt die Zeit,
in der man aufhören muss zu versuchen gegen die Strömung anzuschwimmen,
denn es ermüdet, entkräftet, ist sinn- und hoffnungslos.
Es kommt die Zeit,
in der man sich eingestehen muss,
dass man nicht immer nur gegen den Strom schwimmen will,
sondern sich auch einfach mal treiben lassen
und ohne Kraftanstrengung ankommen möchte.
Es kommt die Zeit,
in der man versteht, dass „zu lieben" nie ein Fehler ist,
aber zu denken, dass der andere auch liebt, einer war.

***

Dort schlägt es nun,
in Deinen Händen,
mein Herz...
schwach, verletzt
und ganz schön angeknackst.

Ich liebe die Gefahr – und Wund- und Heilsalbe

Ich liebe heftig und tief – mit allem was ich bin
und nicht nur ein bisschen.
Ich gebe alles was ich habe und kämpfe schwer,
auch wenn nichts zurückkommt.
Auch wenn Liebe bedingungslos und ohne Erwartungen sein sollte –
ich will trotzdem zurück geliebt werden.
Ich gebe mich immer unabhängig und stark,
doch die Wahrheit ist, ich bin verletzlicher als die meisten anderen.
Ich kann innerhalb von nur fünf Minuten
wild, verbittert, zärtlich und liebevoll sein –
manchmal sogar alles zur gleichen Zeit.
Das macht mich aus, das lässt mich brennen und strahlen.
Das gibt dem Feuer meines Lebens Zunder.
Meine Schönheit liegt im völligen Mangel eines „dazwischen" –
es gibt für mich nur ein „ganz oder gar nicht".
Früher dachte ich,
es bedeutet sich aufzuopfern für den, den man liebt.
Ich schrieb quasi Blankoschecks aus...
für mein Vertrauen, meine Liebe, meine Treue.
Früher wäre ich bereit gewesen mein Leben für den zu geben,
den ich liebe.
Heute weiß ich, dass Liebe nichts mit Drama zu tun hat.
Heute weiß ich, dass jemanden zu lieben einfach nur bedeutet,
die besten Seiten des anderen zum Vorschein zu bringen
und dass die eigenen besten Seiten zum Vorschein gebracht werden.
Heute weiß ich, dass jemanden zu lieben bedeutet,
dass wir zusammen die bestmögliche Version von uns selbst sind.
Und ich weiß heute, dass zu lieben bedeutet ein Feuer zu zünden.
Nach wie vor habe ich keine Angst davor mir die Finger zu
verbrennen.
Ich gehe diese Gefahr bewusst und mit offenen Augen und klarem
Verstand ein.
Denn vielleicht verbrenne ich mich,
aber Wunden heilen mit der Zeit.
Ein Leben in der kalten Dunkelheit der Angst,
die mich davon abhält etwas zu tun,
nur weil ich mir die Finger verbrennen könnte,
wird hingegen nie heilen.
Ich liebe die Gefahr!
(und Wund- und Heilsalbe!!!)

Ich sitze mit Dir im Nirgendwo

Mein lieber Freund,

ich weiß, dass Du gerade nur noch schwarzsiehst. Noch nicht mal mehr schwarz oder weiß... für Dich scheint Dein Leben von einer tiefen, traurigen Dunkelheit zu sein. Die Probleme wachsen Dir über den Kopf und nirgends scheint ein Hoffnungsschimmer, geschweige denn ein Licht am Ende des Tunnels für Dich in Sicht zu sein. So siehst Du es...

Und dennoch versuchst Du immer für alle anderen stark zu sein, versuchst jeden glücklich zu machen – nur bei Dir selbst scheiterst Du kläglich. Ich glaube, dass die traurigsten Menschen mit allen Mitteln versuchen andere glücklich zu machen, weil sie wissen wie es ist, wenn man sich schwach, alleine und vom Leben betrogen fühlt. Deswegen setzt auch Du alles daran, andere glücklich zu machen, damit sie sich nicht so fühlen wie Du gerade.

Aber diese Mischung aus dem Versuch andere glücklich zu machen, während Du für Dich hoffnungslos bist, die lässt Dich straucheln und nicht mehr auf die Füße kommen und während Du meinst zu kämpfen und zu kämpfen, ohne jemals zu gewinnen, verunsichert Dich nur noch alles, Dein eigenes Leben, noch mehr. Doch weißt Du was passiert, wenn Du verunsichert bist? Die ganze Welt scheint sich gegen Dich zu verschwören.

Du musst endlich damit aufhören Probleme über zu bewerten und Dich dabei selbst zu unterschätzen. Ich weiß, dass gerade alles zu viel ist für Dich, aber Du bist stärker und besser als Du denkst! All die kleinen Risse und Wunden in Deinem Herzen und auf Deiner Seele sagen noch lange nicht, dass Du gebrochen bist. Sie sprechen nur davon, dass Du auf die Probe gestellt wurdest, Herausforderungen bekamst, Narben davon trugst, aber letztlich nicht daran zu Grund gegangen, sondern noch am Leben bist.

Du bist nicht zerstört. Du liebst und wirst geliebt, ganz davon abgesehen was diese brutale Naturgewalt „Leben" für Dich bereithält. Und selbst wenn Du unterzugehen und zu ertrinken drohst an diesem Leben, ist immer noch genug Zeit, um die Hand nach mir auszustrecken, damit ich Dich wieder das Atmen lehren kann, bevor Du erstickst.

Ich habe Dich mit Tränen in den Augen, aber auch mit einem vom Herzen kommenden Lachen gesehen und ich liebe Deine beiden Seiten. Vor mir brauchst Du nicht immer zu versuchen alle Probleme, die Dich belasten unter den Teppich zu kehren. Ich bin für Dich da! Deine dunkle, verzweifelte Seite ist mir ebenso willkommen wie Deine helle, strahlende. Du bist beides und je mehr Du Du selbst bist und nicht eifrig versuchst alles vor mir zu verstecken, umso mehr schätze ich Dich.

Du bestehst aus vielen kleinen Puzzlestücken voller Gedanken, Emotionen und Erinnerungen – ich kann Dir nicht dabei helfen, die wieder zu einem Ganzen zusammensetzen, wenn Du ein paar der Puzzleteile vor mir zu verheimlichen versuchst.

Wie soll ich Dir meine Hand reichen, um Dir aufzuhelfen, wenn ich nur einen Teil von Dir zu fassen kriege? Du musst bereit sein wieder aufstehen zu wollen! Die Kunst des Lebens besteht doch darin einmal mehr aufzustehen als man hinfällt… Ich weiß aus eigener Erfahrung, dass das Leben manchmal sch… kompliziert ist bevor es einfach sein kann.

Wir dürfen uns nicht davor fürchten, dass unser Leben von Unerwartetem bestimmt wird und nicht planbar ist. Die einzige Kontrolle, die Du selbst übernehmen kannst, ist wie Du damit umgehst. Lebe Dein Leben mit Mut, Humor und würdevoll – nur so kannst Du es überleben. Du machst Dir Deine eigene Welt, in dem Du beginnst dieses Leben mit all seinen Ups und Downs zu leben und Dich nicht von ihm kontrollieren lässt.

Ich weiß, es ist hart für Dich gerade… aber Du bist einer der wenigen Menschen, die ich kenne, die es schaffen ihre Erlebnisse von ihren Vorurteilen zu trennen und daraus zu lernen. Du siehst den Tatsachen ins Auge und nicht dem, was Du Dir von einer Situation erwartest. Nur gerade… gerade siehst Du leider nur noch schwarz.

Ich weiß, dass Du gerade irgendwo verloren gegangen scheinst in Deinem Leben. Aber glaube mir, ich finde Dich genau da wo Du jetzt bist. Und ich erwarte nicht von Dir, dass Du sofort aufstehst und mit mir ins Leben zurückkommst. Ich setze mich zu Dir, an diesen verlorenen Ort und versuche zu verstehen, warum es Dich so oft hierher zurückzieht – in dieses Niemandsland. Ich finde Dich und bleibe so lange bei Dir sitzen – im Nirgendwo – bist Du bereit bist wieder aufzustehen. Vielleicht lernst Du mich dabei ein bisschen besser kennen. Vielleicht lerne ich Dich dabei ein bisschen besser kennen. Und vielleicht gehen wir das nächste Mal gemeinsam oder im besten Fall sogar gar nicht mehr verloren, weil wir uns haben?

Mein lieber Freund, die Tiefpunkte Deines Lebens bilden das solide Fundament auf dem Du Dir Dein Aufstehen aufbauen kannst!

Wann fängst Du endlich an statt Deiner Wunden, Verletzungen und Probleme die Wunder zu zählen mit denen Du gesegnet bist? Erkenne und werde Dir darüber klar, dass Dein Leben nicht nur aus schwarz, sondern vielen Schattierungen von Grau und manchmal sogar den buntesten, schillerndsten Farben besteht! Nur, weil Du sie nicht siehst, heißt es nicht, dass sie nicht da sind! Komm! Ich zeige sie Dir!

Erkenne dass Dein Leben voller Freude und Farbe stecken kann – in so vielen kleinen Momenten und Dingen, die irgendwann langsam das tiefdunkle Schwarz überstrahlen werden. Umarme mal Deine ewige Unzufriedenheit, Verzweiflung und Hoffnungslosigkeit!

Sei mutig, mein Schatz, Du hast all die dunklen Zeiten überstanden und bist immer noch hier! Am Leben!

Dein Leben wie es jetzt ist, ist weder mehr noch weniger als erhofft, es ist einfach ganz anders... und wer weiß, wieviel Hoffnung darin wäre, wenn Du das „ganz anders" mal nicht als Feind, sondern als Freund betrachten würdest, ihm eine Chance gäbest?

Und wenn es soweit ist und Du das erkennst, dann lehre diese brutale Naturgewalt „Leben" das Fürchten! Wie? Sei einfach genau der, der Du eigentlich bist, wenn Dich das Dunkel nicht übermannt! Du bist nämlich wundervoll! Du bist mehr als all das was Du in Dir siehst!

Würdest Du Dich nur einmal sehen wie ich Dich sehe, hättest Du das tiefe Bedürfnis Dich zu umarmen, da bin ich mir sicher.

Und wenn Du wieder im Niemandsland zu ersticken drohst, dann sei Dir sicher, dass ich komme, mich zu Dir setze und solange bleibe, bis Du wieder gelernt hast zu Atmen.

Ich passe auf Dich auf!

Von Herzen,

die Deine.

Game Over

Vom ersten Moment, in dem wir uns begegneten, wusste ich es!
Es war nicht wirklich Liebe auf den ersten Blick,
aber da war eine seltsame Verbundenheit....
Es war wie ein: "Oh! Hallo! Du bist das also?!"
Und ich wusste, dass irgendetwas anders ist.
Heute weiß ich was das war...
Heute weiß ich, dass einfach Du es bist.
Heute weiß ich, dass Dir mein Herz gehörte, –
vom ersten Moment, in dem wir uns begegneten.
Es ist anders. Es ist schwierig –
aber Du bist es einfach.
Game Over! Punkt! Ende der Diskussion!
Dabei hatte ich mir doch selbst geschworen,
mich nicht in Dich zu verlieben.
Aber es war anders, denn mir wurde bewusst –
von Tag zu Tag mehr –
dass ich mich das erste Mal seit langem glücklich fühlte.
Und ich wusste: ich bin verloren!
Für unsere Liebe gibt es keine Abkürzungen –
offenbar müssen wir den ganzen langen, steinigen Weg nehmen,
ohne zu wissen, ob wir irgendwann mal irgendwo ankommen werden.
Viel zu oft möchten wir aufgeben
oder zumindest eine Pause einlegen,
aber dennoch raffen wir uns immer wieder auf und gehen weiter.
Wie könnten wir auch von unserem Weg abkommen?
So beschwerlich er auch sein mag,
entdecken wir doch immer wieder etwas Besonderes auf ihm.
Bei allen Schwierigkeiten birgt diese Reise zu viel Gutes,
um sie zu beenden bevor wir unser Ziel erreicht haben.
Deswegen bitte ich Dich:
Wenn ich nicht mehr weiter kann, dann nimm meine Hand
und zieh mich mit Dir mit.
Und wenn es hart auf hart kommt, dann trage mich ein Stück –
so wie ich Dich trage, wenn Du meinst nicht mehr weiter zu können.
Nur: Gib uns nicht auf!
Denn eines ist ganz sicher:
Dieses "Game Over" heißt nur, dass ich mir nicht vorstellen kann,
einen anderen in meinem Herzen mit mir zu tragen.
Game Over! Und zwar für alle anderen!
Nur noch Du... und ich!
Game Over!
Weil ich Dich liebe!

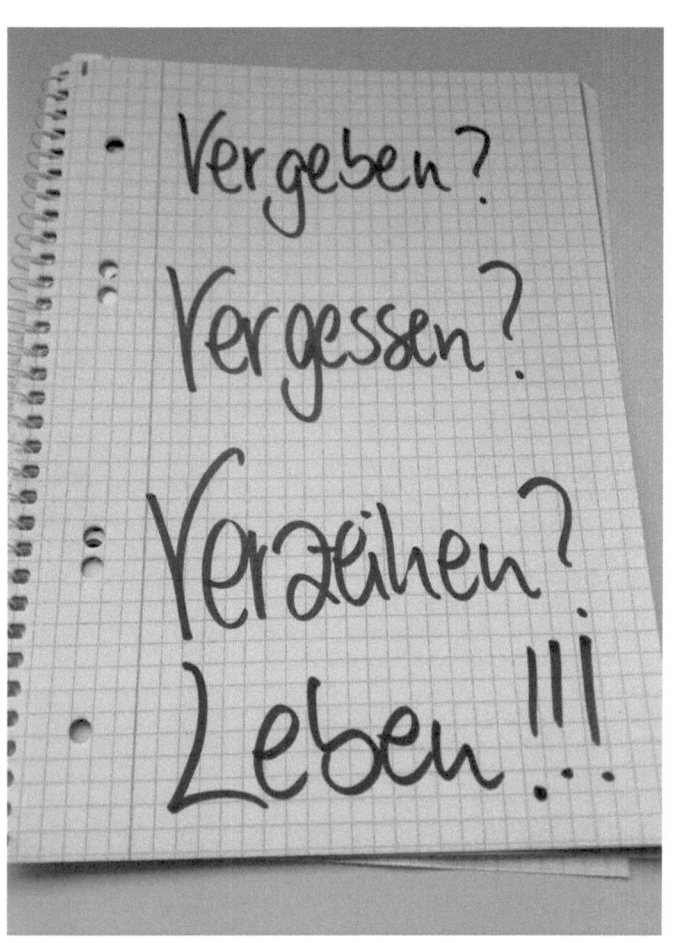

Vergeben, vergessen, verzeihen? leben!!!

Manche Menschen überraschen mich – im negativen Sinn und lassen mich durch ihre Aussagen oder Handlungen sprachlos zurück. Deswegen frage ich mich vermehrt: „Soll ich ihnen nochmal vergeben?" und wenn ja: wie oft und ist es mir der andere wert? Wer hat seine x-te Chance auf Vergebung verspielt? Können manche Situationen tatsächlich vergeben werden? Und falls ja, werden sie dann auch vergessen?

Als ich so darüber sinnierte, wurde mir bewusst, dass „Vergebung" eigentlich nichts ist, was ich für den anderen tue. Vergebung ist etwas, was ich in erster Linie für mich tue. Denn wenn ich vergebe, heißt das, dass der andere nicht stark genug ist, um mich mit dem was er getan hat länger im (übertragenen) Würgegriff zu halten. Es heißt, dass das was in der Vergangenheit geschehen ist, mich nicht stoppen oder davon abhalten kann weiterzugehen – in eine Zukunft ohne Altlasten. Ich vergebe aus hauptsächlich einem Grund: ich bin es mir wert! Ich bin mir mehr wert als die Verletzungen, die geschehen sind.

Die alten Wunden immer wieder aufbrechen zu lassen, sich Gedanken über ein „Wieso, weshalb, warum?" und jemanden Vorwürfe zu machen, das bremst mich nur aus. Deswegen versuche ich dem anderen zu vergeben, gleichzeitig aber auch anzunehmen, dass ich zwar vergebe, das aber nicht automatisch heißt, dass dieser Mensch auch weiterhin ein Part meines Lebens sein muss. Ich vergebe – ohne Zorn oder Wut, aber die Erfahrung lehrt mich, wann es Zeit ist Situationen und manchmal auch Menschen hinter mir zu lassen und weiterzugehen.

An machen Gegebenheiten und Personen darf ich wachsen, mich weiter entwickeln und meine Lehren ziehen. Sie geben mir quasi die Erlaubnis dazu, meine Rückschlüsse und Konsequenzen aus ihrem Handeln zu ziehen. Und Fakt ist nun mal, dass ich dadurch manchmal auch stark genug sein muss, um mich zu trennen – von Freunden, Partnern, Familienmitgliedern, usw. Denn nicht jeder, der mit mir losläuft, begleitet mich auf der ganzen Strecke oder erreicht gar ein gemeinsames Ziel mit mir. Aber das ist OK so. Jeder hat seine Zeit und seinen Platz in meinem Leben – und manchmal hat Zeit und Platz eben nur eine gewisse Haltbarkeit. Dann kommt der Moment, an dem ich erkennen darf, dass es keinen Sinn mehr macht und ich Verbindungen – egal wie lange sie schon bestehen mögen – lösen muss. Ich vergebe und gehe meinen Weg allein weiter – alles andere würde sich gegen meine Werte, Vorstellungen und Überzeugungen richten.

Wenn ich eines in meinem Leben gelernt habe, dann dass ich niemanden dazu bringen kann mich zu akzeptieren, zu verstehen oder gar zu lieben. Das einzige was ich tun kann ist mich zu erklären, wenn der andere Interesse daran hat, versuchen, mich verständlich zu machen und jemand zu sein, der liebenswert ist. Alles andere liegt aber an meinem Gegenüber. Wenn mir also jemand mit einer vorgefertigten Meinung oder einem Vorurteil entgegen tritt, bin ich gerne gewillt, darüber zu reden. Wenn der andere aber nicht über seinen eigenen Tellerrand hinaussehen mag, dann belasse ich es dabei... für so etwas habe ich weder Zeit noch Energie und vor allem ist mir diese Welt zu klein.

Ich muss nicht jedes meiner Hochs in die Welt hinausposaunen oder andererseits meine Tiefs verstecken. Wer an meiner Seite sein will – egal ob als Partner, Freund oder Familie – der akzeptiert mich, meine Entscheidungen und meine Art zu leben. Denn eines ist mal ganz sicher: ich lebe! Und zwar so wie ich es für richtig halte! Ich habe ja schließlich nur eines – also ein Leben! Und das will ich im Jetzt und Hier genießen. Dazu gehört es Erfahrungen zu machen und sollte ich auf die Nase fallen (kommt bei mir ja öfter mal vor), bin ich mir sicher, dass es eine Handvoll Menschen gibt, die mir wieder hoch helfen und mir beim Krönchen richten zur Hand gehen.

Ich bin mir aber auch sicher, dass es genug geben wird, die mir nur mit einem „Habe ich doch gleich gesagt" zur Seite stehen werden. Ich halte mich nicht mit Höflichkeiten auf: „Ich verzichte!!!" – wenn das alles ist, was ihr beizusteuern habt, lebt wohl!

Ich liebe mein Leben – es ist gut so wie es ist. Wenn ich es so annehmen und vor allem leben kann, dann solltet Ihr das auch. Vertraut auf meine Entscheidungen und meine Erfahrungen – die ich nun mal machen darf und muss. Und wenn mal nicht die Sonne scheint, erwarte ich von meinen Lieblingsmenschen, dass sie sich eine Weile mit mir in den Schatten setzen, meine Hand halten und mir die Kleenexbox reichen.

Es kann so einfach sein!!! Lasst die Sonne in Euer Herz und vergebt, verzeiht! Doch vor allem LEBT! So wie es für Euch richtig ist!

Allen anderen sei gesagt: an Oberflächlichkeiten bin ich nicht interessiert!

Vom Verlieren...

Lieber Mr. X,

ich konnte heute Nacht nicht schlafen, lag wach bis um 4 Uhr, nur um dann, wenn ich doch mal einschlief, schweißgebadet aus Albträumen zu erwachen. Unser Streit steckte mir in den Knochen, tut es immer noch. Und nicht die Worte, die gefallen sind, denn ich will und brauche Deine „Wahrheit" über uns, sondern wie Du sie mir gesagt hast – kalt, teilnahmslos, fast als ob Du nichts, gar nichts für mich fühlst und ich ein niemand für Dich bin. Das ließ mich nicht schlafen.

Mit Deiner „Wahrheit" verleugnest Du unsere, doch viel schlimmer ist wie Du sie mir präsentiert hast, gerade so, als sei da nur ein triviales „Nichts" zwischen uns, das jetzt auch noch ein Ende findet. Mit Deinen leeren Worten bist Du auf dem herumgetrampelt, was Du mal Liebe genannt hast. Du hast mich von Deinem Respekt mir gegenüber kosten lassen und glaube mir, davon schien gestern nichts als leere Worte übrig zu sein.

Ich weiß, ich hätte es irgendwann einfach gut sein lassen, die erhitzten Gemüter beruhigen, meinen Schmerz und Stolz hinunterschlucken sollen und uns beide wieder darauf besinnen lassen sollen, wer wir eigentlich für einander sind. Aber ich konnte nicht. Diesmal saß der Schmerz so tief, dass ich nicht einfach gehen konnte, um auf einen anderen Tag warten. Ich habe gekämpft – vielleicht meinen letzten Kampf, aber nicht, um Dich zu überzeugen, zu halten oder loslassen zu können. Ich kämpfte ganz allein für mich, zettelte diesen Krieg zwischen uns immer weiter an, um am Ende einen Weg für mich zu finden, ihn zu überleben, diesen Krieg zwischen uns oder zumindest, um ihn zu verstehen. Mit jedem Wort von Dir wurde mein Schmerz größer und mein Stolz wacher. Das ließ mich um mich beißen wie ein verletztes Tier, aber letztlich wollte ich mit all dem nur meinem Ziel näher kommen endlich meinen Frieden zu finden.

Irgendwann hast Du gesagt, dass es jetzt genug ist und ich bin voller verletztem Stolz in mein Auto gestiegen und durch die Nacht gefahren – stundenlang, nur um irgendwann mit gebrochenen Herzen daheim anzukommen. Der Versuch zu schlafen wurde immer wieder durch Deine „Wahrheit" torpediert, die sich in meinem Kopf und noch viel schlimmer in meinem Herzen festgefressen hat.

Ich kann Dir sagen, dass es überhaupt nichts Romantisches hat bis morgens um 4 Uhr wach zu liegen, weil man aus dem Schlaf doch nur weinend und mit geplatzten Träumen aufwacht. Gestern hast Du mir das Gefühl gegeben meine Liebe ist nur eine Deiner Zigaretten, die Du entzündet und jetzt, wo Du damit fertig bist, ausgedrückt hast. Mein verletztes Herz hast Du nur mit einem achselzuckenden „Du hast es doch von Anfang an gewusst" abgetan. Dieses Leugnen Deiner Gefühle tut so weh, dass ich diesen Schmerz meinem schlimmsten Feind nicht wünschen würde. Dabei lässt sich Deine Liebe zu mir nicht mit Deiner „Wahrheit" oder Fakten verleugnen, egal wie sehr Du es zu ignorieren versuchst.

Wir zwei schauen dieselben Tatsachen an und sehen doch etwas vollkommen anderes.

Du hast mein Herz zu einem Zeitpunkt dazu gebracht höher und für Dich zu schlagen, wo es eigentlich gerade für nichts und niemanden mehr schlagen wollte. Ich weiß, dass wir im tiefsten Inneren füreinander gemacht sind. Warum? Von Anfang an waren da mehr als nur Schmetterlinge im Bauch, mehr als kleine rosa Herzchen, die um unsere Köpfe schwirrten. Von Anfang an war unser „verliebt sein" und letztlich auch die tiefe Liebe und Verbundenheit zwischen uns begleitet von der ganzen grausamen Wahrheit, der wir ins Auge blickten und doch irgendwie auf ein Wunder hofften. Mich zumindest hast Du immer wieder auf dieses Märchen warten lassen, während es für Dich nur... ja, was eigentlich?... ein Zwischenspiel war?

Ich weiß, dass Liebe nicht heißt, dass es immer schön sein muss oder von langer Dauer. Vielleicht hat Dich das Schicksal nur in mein Leben geschickt, damit ich sehe, wie es sein könnte, wenn wir diese Liebe leben würden. Vielleicht sollst Du mich ja doch nur für ein kleines Stück auf meinem Weg begleiten und nicht bleiben und vielleicht muss ich jetzt wirklich ohne Dich weiter gehen?

In all unserer Zeit habe ich versucht bei Dir zu sein. Ich stand vor Dir, um Dich zu schützen, wenn es nötig war, ich habe Dir den Rücken gestärkt, freigehalten und wollte doch letztlich nur eines: an Deiner Seite sein.

Jetzt lässt Du mich gehen... dabei warst Du es doch, der über all meine Fehler hinweggesehen hat, für den ich besonders war und der in mir seine Hoffnung sah, der mich nie verlieren wollte.

Gestern hast Du mir gezeigt, dass nichts so oberflächlich ist wie Dein „Ich werde immer für Dich da sein". Liebster, wir wissen es doch beide besser – niemand bleibt für immer und alles ist endlich.

Eine Tatsache bleibt: am Ende werden wir sterben... Du, ich, wir alle. Das alleine sollte dafür sorgen, dass wir uns lieben – jeden Tag, solange wir können. Doch stattdessen terrorisieren wir uns gegenseitig damit zu verleugnen was nun mal da ist und verschwenden unsere Zeit für all die „Wenn", „Aber" und „Vielleicht" – wofür? Für nichts!

Es gab viele Momente, in denen Du mich verletzt und ich weiß, es nicht so gemeint hast. Momente, in denen ich dachte: „Ich überlebe das nicht!". Doch letzlich habe ich sie überlebt... alle... und ich werde es auch jetzt überleben, irgendwie.

Weißt Du, was mich wütend macht? Dass ich nicht wütend auf Dich bin... dass ich keine Tränen mehr habe, nur noch stumme Resignation und dass ich kapitulieren muss. Weißt Du, was mich am meisten wütend macht? Dass ich nicht wütend bin, sondern Dich immer noch verstehe...

Ich bereue nichts. Das einzige, was ich bereuen würde wäre, wenn ich es nicht wenigstens versucht hätte. Ich würde es aus tiefstem Herzen bereuen, wenn ich dieser Liebe keine Chance gegeben hätte, Dich nie berührt oder geküsst und keinen gemeinsamen Weg für uns gesucht hätte. Das ist alles, was ich bereuen würde.

Also werde ich jetzt versuchen Deine „Wahrheit", die so ganz und gar nicht die unsere ist, anzunehmen. Du bist nicht der einzige, der die Diskussionen leid ist.

Ich danke Dir für Deine Wahrheit, die mir für vieles die Augen geöffnet hat und mich sprachlos, verletzt gehen ließ – nicht, weil es ist wie es ist, sondern ob dem was Du daraus machst für mich und letzlich für uns. Doch vor allem danke ich Dir für das unglaublich tiefe Gefühl von Liebe, das Du hinterlässt und dass sich einfach nicht leugnen lässt... auch von Dir nicht!

Letzlich habe ich Dir nur Probleme gebracht... Am Ende habe ich verloren... alles... Dich...

Deine XY

Auf ein Wort... zum Valentinstag...

Liebe Männer,

Oh ja, ich höre Euch schon aufstöhnen und sehe Euch die Gesichter verziehen... ich weiß, ich weiß! Ich kenn all Eure Argumente, die jetzt kommen: „Nichts als Kommerz", „Ich brauche keinen Valentinstag um Blumen zu verschenken", „Meine Partnerin weiß auch so, dass ich sie liebe", und und und, blablabla...

Und wisst Ihr was? Ich stimme Euch sogar zu! Warum sich dem Kommerz unterwerfen? Warum braucht es einen speziellen Tag, um seine Liebe zu bezeugen? Warum ist es überhaupt nötig, seine Gefühle an einem besonderen Tag kundzutun, wo man das doch an 365 Tagen im Jahr zeigen kann und sollte?

Ja, ich stimme sogar zu, dass mir die sch... roten Herzen, die mich derzeit geradezu überall verfolgen, tierisch auf den Nerv gehen – ich war noch nie der Herzchentyp!

Aber... und jetzt kommt ein großes, dickes, fettes ABER – wann habt Ihr denn das letzte Mal Eurer Liebsten Eure Anerkennung und Wertschätzung gezeigt? Wann habt Ihr ihr das letzte Mal bewusst gesagt, dass Ihr sie liebt, froh seid, mit ihr zusammen zu sein? Und ich meine kein „MUSS" weil Valentinstag, Geburtstag oder Weihnachten ist. Wann habt Ihr das letzte Mal aus vollem Herzen gesagt oder gezeigt, dass Ihr liebt?

Es braucht keine Blumen oder Schokolade (pfeif auf den Kommerz), um eine Frau glücklich zu machen! Wann habt Ihr sie das letzte Mal leidenschaftlich geküsst? Ihr einen Kaffee ans Bett gebracht? Einfach mal gesagt „Schatz, bleib liegen, ich kümmere mich um die Kinder und gehe mit dem Hund raus"? Wann seid Ihr 10 Minuten eher aufgestanden, um ihr die Autoscheibe freizukratzen? Wann lag das letzte Mal ein kleines Post it auf dem Küchentisch, das „Ich liebe Dich" sagte? Wann hattet Ihr das letzte Date, ganz spontan? Ward im Kino? Oder mal schick essen (und nein, McDonalds ist kein Restaurant!)? Wann habt ihr sie zuletzt in den Arm genommen, ihr Eure starke Schulter geliehen, damit auch sie mal schwach sein darf?

Nein, ich bin auch kein Freund vom Valentinstag – dennoch würde ich mich riesig freuen, wenn mir jemand zeigen würde, dass er an mich denkt und vielleicht sogar meine Lieblingsblumen mitbringt. Warum?

Weil es romantisch ist! Und weil wir viel zu wenig Romantik in unserem Alltag haben! Oder wie ich es in meinem Buch „Mit rasierten Beinen spricht sich's besser" sage: „Wie konnte es nur so weit kommen, dass wir uns mit weniger als Romantik zufrieden geben?"

Glaubt mir, auch wenn SIE sagt, sie braucht das alles nicht (ich bin ja auch so eine)... es wird ihr dennoch ein Lächeln ins Gesicht zaubern, wenn Ihr ihr trotzdem etwas Aufmerksamkeit und Zuwendung schenkt. Es müssen keine Blumen und Schokolade sein, aber warum denn nicht? Was spricht denn dagegen? Warum nicht den Valentinstag zum Anlass nehmen? Warum nicht? Nur, weil es so kommerziell geworden ist? JA!!! Das ist es... aber es ist auch romantisch und schön und... seid doch einfach mal wieder liebevoll miteinander! Ganz egal, was für ein Tag ist... vielleicht ist es ja nicht der Valentinstag, sondern einfach nur der 14. Februar, der eine gute Gelegenheit dafür ist?

Es ist völlig egal, ob Ihr frisch verliebt seid (da ist sowieso alles voller dieser sch... Herzen) oder jemanden sagen möchtet, dass Ihr Euch verliebt habt oder ob Ihr eine jahrelange Partnerschaft wieder etwas aufleben lassen müsstet... es geht um die Geste! Es muss kein Blumenstrauß für 50 € sein! Eine einzelne weiße Gerbera, die sagt „Ich habe gerade heute besonders an Dich gedacht" oder das Buch, das sie schon lange lesen wollte, ein spontaner Kinobesuch... seid kreativ, Jungs!

Macht sie glücklich und genießt es der Held zu sein – auch, wenn sie „das alles nicht braucht"! Vertraut mir einfach...

Macht mich stolz auf Euch!

***

Was haben wir schon groß zu verlieren
außer uns?

Auf jedes „Goodbye" folgt ein „Hello"

Ich bin extrem dankbar,
dass manches nicht so funktioniert hat,
wie ich es mir gewünscht habe.
Und wenn ich gewusst hätte,
was ein „Loslassen" alles mit sich bringt,...
dass auf mein Loslassen ein Neuentdecken folgt,
dann hätte ich niemals so lange festgehalten.
Manchmal ist das größte Geschenk,
das man bekommen kann,
dass es eben nicht so funktioniert,
wie man es sich wünscht…
Auf ein „Goodbye" folgte ein „Hello".
Schön, dass Du endlich da bist!
Ich kann keine Berge für Dich versetzen…
aber ich werde sie mit Dir zusammen bezwingen!

***

Liebe ist kein „Vielleicht"

„Wölche em Strauch verreckt ke Goiß"

Gibt es sie auch in Eurem Leben? Diese eine Person, an die Ihr immer wieder denken müsst? Auch Jahre später noch, längst nachdem sie nicht mehr ein Teil Eures Lebens ist? An manchen Tagen ist diese Person ein Hauch von Nichts. Doch an anderen Tagen, den meisten, um ehrlich zu sein, hört Ihr plötzlich ein Lied und denkt an sie, Ihr findet ein altes Foto, wo Ihr sie wiedererkennt oder Ihr fühlt diese Person in Euren Erinnerungen. Irgendwie „fällt" sie Euch täglich vor die Füße, wie zufällig.

Wir alle haben wohl diese eine Person zu der wir jederzeit zurückkehren würden, auch Jahre später noch, weil es sich einfach das erste Mal im Leben angefühlt hat, als sei man aus demselben Haufen von Einzelteilen zusammenprallender Galaxien gemacht. Und diese Einzelteile scheinen uns zu verbinden – Teile finden sich in Euch, Teile in dieser Person und das scheint uns immer wieder zurück zu ihr zu ziehen – wie Schwerkraft.

Aber lieben wir wirklich diese Person oder lieben wir nur die Erinnerung an sie? Lieben wir diesen Menschen, weil er ist wie er ist oder lieben wir nur die Vorstellung, die wir von ihm haben, wie er sein könnte oder sollte? Und wenn wir uns diese Frage ehrlich beantworten, wäre ein Zurückkehren, eine zweite Chance, dann nicht so als würden wir jemanden eine extra Kugel für seine Pistole reichen, weil er uns beim ersten Mal nicht richtig getroffen hat, es nur ein Streifschuss war? Es gibt einen Grund, warum diese Person Vergangenheit und nicht mehr Gegenwart ist – vielleicht müssen wir nur ehrlich mit uns selbst sein? Und manchmal sind unsere Erinnerungen ja schöner als es die Gegenwart je war... Vielleicht haben wir die falsche Person geliebt und um sie geweint, aber eines ist sicher: jeder Prinz, den wir küssen, und der sich in eine Kröte zurück verwandelt, bringt uns auf den Weg, um den Richtigen zu finden.

Haltet Eure Erinnerungen fest als einen wundervollen Teil Eurer Vergangenheit, aber vergesst dabei die Realität nicht... jeder Abschied ist der Beginn einer wundervollen Erinnerung, mein Zauberschatz!

Was auch immer kommen mag, vergesst nicht das Leben zu lieben!

Oder wie meine Oma sagen würde: „Wegen einem Strauch, stirbt keine Ziege!" (um das mal aus dem Partensteinerischen zu übersetzen) Ja, sie hat recht: wegen der einen Person geht die Welt nicht unter!

Duett vom Bleiben und Gehen –
Drama in zwei Teilen (1) – heute…

Wieder können wir einen weiteren Tag unserer Beziehung abhaken, wieder haben wir einen rum gebracht und wieder liege ich wach neben Dir und frage mich, ob das wirklich schon alles gewesen sein kann?!

Natürlich, die Gewohnheit hat sich eingeschlichen nach all den Jahren, das scheint wohl so sein zu müssen. Wenn ich mir die Pärchen in unserem Freundeskreis anschaue, haben wir es ja noch relativ gut – immerhin streiten wir nicht… wobei vielleicht würde so ein richtig großer Knall mal wieder für etwas Spannung sorgen, die „Sache" zwischen uns interessanter machen. Aber letztlich haben wir noch nicht einmal etwas worüber wir streiten könnten…

Aneinander gewöhnt haben wir uns, uns eingerichtet in unserem Leben, dem Haus, dem Freundeskreis und der Familie. Wir sind unaufgeregt, berechenbar. Wir streiten nicht, wir haben uns noch nicht mal mehr viel zu sagen und wenn wir ehrlich sind, wäre uns das doch auch viel zu anstrengend, oder? Das hieße ja, sich noch einmal bewusst mit dem anderen auseinanderzusetzen – wozu? Es ist doch gut so wie es ist…

Sicher, wenn ich in mich spüre, weiß ich, dass das noch nicht alles gewesen sein kann – mittlerweile rede ich sogar mit dem Hund mehr als mit Dir, aber wir machen einfach so weiter – es tut ja nicht weh.

Nach außen geben wir das glückliche Paar… zumindest scheinen wir noch gute Freunde zu sein, reden uns ein, dass niemand merkt, dass da zwischen uns kein Leben mehr ist, sondern nur noch ein Überleben.

Ich für meinen Teil kann mich nicht erinnern, wann ich Dir das letzte Mal etwas ganz dringend erzählen wollte, weil es mich so bewegt hat oder wann wir zuletzt herzhaft miteinander gelacht haben, geschweige denn, dass ich mich erinnere, wann ich jüngst so richtig Lust auf Dich hatte? Sex ist auch nur noch ein Pflichtprogramm, etwas was wir schnell am Sonntagmorgen vor dem Frühstück erledigen. Alles eingeschlafen und um ehrlich zu sein, teile ich all das schon lange mit jemand anderem.

Ich sehe Dich neben mir schlafen und weiß, dass ich bei Dir bleiben werde… wegen dem Haus, dem Hund, den Finanzen, dem was die anderen wohl sagen würden und vor allem dem ganzen Stress und

Ärger, der mit einem „Gehen" verbunden wäre. Ich weiß, dass das feige ist und sehe die niederen Beweggründe, die hinter meinem „Bleiben" stehen, aber ich kann nicht anders, oder?

All das geht mir durch den Kopf, während Du leise neben mir schnarchst. Bist Du noch glücklich? Oder auch nur zufrieden? Bist auch Du gelangweilt und gefrustet von mir, so wie ich von Dir?

Wir werden alt – Du und ich – einen großen Teil unseres Lebens haben wir zusammen verbracht – irgendwie komme ich mir vor wie ein Verräter, nur weil ich überhaupt den Gedanken daran habe, Dich im Stich zu lassen… aber kann das wirklich schon alles gewesen sein? Möchte ich den Rest meines Lebens wach neben Dir liegen und mich das fragen?

Eigentlich wollte ich mit Dir darüber reden, aber ich glaube das traurigste ist, dass es so viel einfacher ist nicht alles auszusprechen, was mal zu sagen wäre. Deswegen bleibe ich stumm und lebe weiter neben Dir her – nein, „Leben" kann ich das wirklich nicht mehr nennen. Ich überlebe einfach neben Dir, existiere vor mich hin in all dem grauen Alltag und spüre wie der Frust und die Langeweile mich immer mehr aufzufressen drohen.

Eine wirkliche Lösung sehe ich nicht… wir werden einfach weiter so tun als ob alles in Ordnung ist und genau so weitermachen, oder? Immerhin haben wir uns ja mal geliebt und ich mag Dich immer noch – es gibt ja auch wesentlich schlimmeres als neben Dir her zu leben. Vielleicht versuchen wir ja sogar noch einmal einen Neustart, vielleicht sollte ich versuchen, „uns" wieder zu beleben? Naja… oder wir bleiben einfach weiter zusammen und wie wir sind: zu zweit allein!

Duett vom Bleiben und Gehen –
Drama in zwei Teilen (2) – einige Wochen später...

Ok... ich habe wirklich alles versucht, was in meiner Macht stand. Habe versucht es Dir und mir wieder recht zu machen, altes aufleben zu lassen, zurück zu den „guten alten Zeiten" zu gehen, aber es bringt nichts... wir zwei sind nicht mehr zu retten!

Dabei war es mir wirklich ernst... ich wollte Dich noch einmal zurückerobern. Nun gut, vielleicht wollte ich mir auch nur selbst beweisen, dass ich es noch könnte, doch ich habe versagt. Bei Dir und bei mir. Dass Du keinerlei Interesse hast unsere Liebe wieder aufköcheln zu lassen, habe ich schnell bemerkt. Jedweder meiner Versuche aus unserem Alltragstrott auszubrechen war Dir nur ein Stirnrunzeln, Kopfschütteln oder Achselzucken wert und letztlich habe ich es aufgegeben.

Deine Gedanken sind nicht mehr bei mir, wenn Du nach Hause kommst – das spüre ich ja schon lange. Nur dachte ich, dass ich die, die Dir im Kopf herumschwirrt vielleicht vertreiben könnte, wenn ich es noch einmal richtig versuche – das war ein „Wir" mir wert. Doch ich gestehe, dass auch ich viel zu oft an den Mann denke, der mich von dem „uns" ablenkte, das ich zu retten hoffte.

Wir beide haben uns Bestätigung, Befriedigung und viel mehr woanders geholt, doch ich war gewillt, das aufzugeben, um all meine Aufmerksamkeit wieder Dir zu widmen...

Du... Du bist bei ihr - auch wenn Du hier bist und viel zu oft erwische ich mich dabei, dass auch ich gerne woanders wäre... egal wo... Hauptsache nicht bei Dir – am liebsten bei ihm.

Es bringt nichts mehr dieses „uns" aufwärmen zu wollen, denn es wäre nicht mehr als ein warm gemachtes Resteessen. Was uns fehlt ist die Hitze, die Frische, das Leben in uns und all das bekommen wir nicht mehr zurück - nicht miteinander.

Warum nur haben wir dann so Angst es auszusprechen? Warum gestehen wir es uns nicht endlich ein? Jetzt, wo doch so klar ist, dass wir nicht mehr sind als dröge Langeweile, wo wir an nichts festhalten außer an einer gemeinsamen Vergangenheit. Wir sind doch noch nicht mal mehr Freunde, eher Weggefährten, bei denen aus einem „Bis dass der Tod Euch scheidet" eine lebenslange Einzelhaft zu werden droht.

Warum haben wir so einen Respekt vor diesem letzten Schritt, der doch unausweichlich ist? Denn tot, tot sind wir doch schon... oder bezeichnest Du das noch als Leben?

Wenn es wirklich wahr ist, dass das Leben dort beginnt, wo die Angst endet, dann bringe ich jetzt den Mut auf um Dir zu sagen: „Es reicht! Lass uns nicht länger miteinander quälen – lass uns den letzten Schritt gehen. Lass es uns beenden, bevor wir aneinander verenden!"

Ungläubig starrst Du mich an. Ja, ich habe es endlich ausgesprochen, denn das kann doch nicht alles gewesen sein was das Leben uns zu bieten hat?! Nicht so! Es wird Zeit für mich zu gehen, damit ich jemanden finden kann, der mir wieder zeigt was es heißt glücklich und zufrieden zu sein, der mir Leben einhaucht.

Du sagst mir, ich wäre hoffnungslos romantisch und ich solle doch einfach mit dem zufrieden sein, was wir haben. Ich bin romantisch, aber nicht hoffnungslos. Ich weiß, dass es da draußen „mehr" gibt und letztlich wird einer kommen und der Richtige für mich sein. Ich werde mich nicht von Dir davon überzeugen lassen, dass ich mich mit weniger zufrieden geben sollte.

Als ob Du zufrieden wärst... lass diesen kläglichen Versuch zu retten, was nicht mehr zu retten ist, genau das habe ich in den letzten Wochen versucht und dadurch nur verzögert was nicht aufzuhalten ist. Bereits vor Wochen hätte ich gehen sollen, als ich wach neben Dir lag, aber ich war es uns schuldig, mich noch einmal zusammen zu reißen.

Nur für was? Für das Haus, die Familie, Freunde und den Hund? Du kannst alles haben, denn ich will wieder leben und vor allem will ich wieder lieben, auf das hören was mein Herz mir sagt. Und mein Herz sagt mir: „Lauf! Lauf so schnell Du kannst, denn ich will Leben und Liebe durch Deinen Körper pumpen und nicht sinnlos vor mich her schlagen wie in den letzten Jahren."

Deswegen pack Deine Taschen, Liebling – geh zu ihr, ich werde zu ihm gehen – keiner von uns braucht ein schlechtes Gewissen haben – das Leben nimmt nur seinen Lauf und die Liebe fordert ihren Tribut. Es ist mir egal was Du unseren Freunden erzählst und was meine Familie sagen wird.

Ich will kein „bis dass der Tod Euch scheidet", wenn es bedeutet, dass ich lebendig begraben bin. Lass uns wieder leben und lieben, Liebling

– wenn auch nicht miteinander, so auf eine Weise, dass jeder von uns glücklich mit sich oder einem anderen werden kann.

Einst habe ich Dich geliebt, jetzt mag ich Dich – das Feuer zwischen uns ist längst verloschen, es wird höchste Zeit, dass wir uns eingestehen, dass es das war.

Es hat keinen Zweck mehr – lass uns hier, jetzt und heute einen Schlussstrich ziehen – es war mal schön mit Dir, aber jetzt wird es Zeit zu gehen.

Wenn es tatsächlich so ist, dass man aufhören sollte, wenn es am schönsten ist, dann haben wir diesen Punkt schon lange überschritten. Deswegen gehe ich.

Mach es gut!

***

Liebes Schicksal,
Du A…,
ich weiß,
das ist Dein Plan für mich,
den ich nicht verstehen muss.
Ich habe keine Ahnung,
für was es gut sein soll,
aber wenn es schon Dein Plan ist,
dann hilf mir bitte es zu überstehen.

Ich vergeben Dir,
mein Schicksal.
Und Dir auch,
Du Idiot!
Aber ich tue es mit
tonnenschwerem Herzen
und jeder Menge blauer Flecke und Prellungen
auf meiner Seele.

Deine emotionale-Postleitzahl

Ich verliebe mich nicht zufällig.
Jeden Schritt auf dem Weg dahin gehe ich bewusst und bedacht,
begegne jedem aufkommenden Gefühl mit offenen Augen,
denn es ist ein beängstigender Gedanke,
dass man sich in einem Bruchteil einer Sekunde so verlieben kann,
dass es ein Leben lang dauern könnte,
um wieder darüber hinweg zu kommen.
Wer auch immer gesagt hat, „verliebt sein"
sei ein erstrebenswerter Zustand, der log.
Verliebt sein ist ein Chaos aus Empfindungen und Emotionen.
Ich liebe nicht beiläufig.
Wenn ich liebe, liebe ich heftig.
Wenn ich liebe lege ich meine Seele auf ein Silbertablett
und mein Herz auf die Goldwaage.
Alles was ich habe, alles was ich weiß, alles was ich bin,
überlasse ich Dir dann als Geschenk
und hoffe, dass Du es ganz vorsichtig auspackst.
Ich verliebe mich selten.
„zu lieben" habe ich in einer alten Schachtel auf dem Dachboden
vergraben.
Aber heute bitte ich Dich mich zu lehren wieder so zu fühlen,
wie ich es auf jede Art und Weise vergessen und verdrängt habe.
Auch wenn ich weiß, dass wir keine Zukunft haben,
bitte ich Dich, mich genau in dieses zauberhafte Gefühlschaos zu
stürzen –
mit jeder Konsequenz.
Lass mich Dich lieben und sei es nur für eine einzige Nacht.
Das ist alles worum ich Dich bitte…
Schenk mir eine Erinnerung von einem „uns",
das es nie geben wird.
Jeder Abschied ist die Geburt einer Erinnerung, mein Liebster.
Liebe mich!
Oder rede ich von etwas,
das außerhalb Deiner emotionalen Postleitzahl liegt?

Für Daisy

Alles was ich über Liebe weiß, hast Du mich gelehrt.
Deine Zeichen der Liebe füllen
den leeren Raum in meinem Herzen –
heute wie damals – und lassen es übersprudeln vor Glück.
Nicht nur mit Deinem Löwenmut
hast Du mir mehr als einmal das Leben gerettet.
Du an meiner Seite, das war und ist ALLES wert.
Du bist so viel mehr als „nur" ein Hund...
Du bist Freundin, Zuhörerin, Wegbegleiterin.
Und es war ein langer, wenn auch nicht immer schöner Weg,
den wir bis jetzt miteinander gehen durften.
Jetzt, wo Du alt bist, zeigst Du mir
und machst mir erst richtig bewusst,
wie sehr Du mir vertraust.
Wo sonst Du auf mich aufgepasst hast,
bin es jetzt ich, die Dich schützt.
Ich werde Dein Vertrauen nicht missbrauchen, alte Freundin.
Verlass Dich auf mich!
Jeder weitere Tag mit Dir ist wie ein Geschenk –
als ob irgendjemand weiß,
dass ich noch lange nicht ohne Dich leben kann.
Aber wenn der Tag kommen wird, verspreche ich Dir,
dass Du ruhig in meinen Armen einschlafen darfst.
Ich werde Dich halten und bei Dir sein –
so wie Du die letzten 17 Jahre treu an meiner Seite warst.
Auch wenn es mir das Herz brechen wird,
verlasse Dich darauf, ich bin für Dich da.
Du liebst bedingungslos – alles was ich über wahre Liebe weiß,
hast Du mich gelehrt.
Die Zeichen Deiner Liebe werden den leeren Raum
in meinem Herzen füllen, wenn Du mal nicht mehr da bist.
Dabei ist es doch gar nicht mehr so leer,
mein Herz, seit es Dich gibt.
Du füllst alle Lücken und der leere Raum ist voll von Deiner Liebe –
er gehört Dir... für immer!
Meine alte Freundin, mein Löwe im weißen Kuschelfell -
Du bist ALLES wert!
Danke für 17 Jahre bedingungslose Liebe!
Aber bleib ruhig noch ein bisschen, mein Fräulein...
Verlass Dich drauf,
ich pass auf Dich auf!

Ich bin unheilbar romantisch!

Ja, ich gestehe: ich bin unheilbar romantisch – trotz Zeiten des schnelllebigen Internetdatings glaube ich noch an Hoffnung, Träume, Anstand, Liebe, Zärtlichkeit, Beziehungen, Treue und vor allem Aufrichtigkeit. Ich will einfach nicht glauben, dass es das nicht mehr geben soll.

Dabei ist mir allerdings schon bewusst, dass eine Beziehung immer auch Arbeit bedeutet – hauptsächlich an sich selbst und der eigenen Kompromissbereitschaft. „Arbeit" im Sinne von sich Kennenlernen, Zusammenwachsen und akzeptieren – Eigenheiten, Umstände. Darüber sollte man sich im Klaren sein – eine Beziehung wie im Rosamunde Pilcher Film gibt es nicht – zumindest habe ich noch keine erlebt. Partnerschaft ist keine „spaßige, romantische Phantasie", die die Einsamkeit ausfüllt. Vor allem füllt sie nicht das Gefühl des sich „ungeliebt fühlens". Wenn ich mich nicht liebe und wertschätze, wie sollte es ein anderer tun?

Nein, eine gelebte, zufriedenstellende Beziehung heißt sich mit dem anderen und in erster Linie mit sich selbst auseinander zu setzen und das braucht Zeit. Dessen sollte man sich bewusst sein und es langsam angehen lassen. Wenn man da selbst oder der „andere" weder Zeit noch Lust oder Geduld für hat, sollte man sich überlegen, ob es nicht besser wäre alleine zu bleiben. Eine „gute" Beziehung – so zeigt die Erfahrung – ist es doch erst dann, wenn man die Vergangenheit des anderes akzeptiert, sich in der Gegenwart unterstützt und sich genug liebt, um mutig in die Zukunft miteinander zu gehen. Also nichts überstürzen!

Es ist eben nicht so einfach einen Partner zu finden, der einen ermutigt zu wachsen, der einen auf dem eigenen Weg begleitet ohne aufzuhalten oder gar „im Wege zu stehen". Man findet nicht einfach jemanden, der einen vertrauensvoll raus in die Welt schickt und weiß, dass man zurück kommt. Aber genau das ist es was Liebe ausmacht: Vertrauen, Zuversicht, Unterstützung, Mut, Kampfgeist… das ist Liebe!

Und wenn Du nicht bereit dazu bist, das im Gegenzug auch zu leisten, dann bist Du vielleicht auch noch nicht bereit zu einer Beziehung?! Vielleicht ist es dann Zeit erstmal Altes aufzuarbeiten, in sich zu gehen, zu schauen, was man sich selbst noch Gutes tun kann, bevor man sich in eine Partnerschaft stürzt, die dann nur doch wieder zum

Scheitern verurteilt ist. Der Schmerz der Vergangenheit verändert Menschen. Er lässt sie weniger vertrauen, kommt immer wieder hoch und versperrt sie für Neues. Deswegen ist „verarbeiten" so wichtig.

Ganz wichtig ist zu wissen, dass das was man an sich selbst nicht liebt oder akzeptiert auch kein anderer tun kann! Wenn Du Dich nicht liebst strahlst Du das aus. Wenn Du nicht mutig Entscheidungen triffst, tut es kein anderer. Wenn Du nichts zu lachen hast, wird Dich kein anderer dazu bringen. Letztlich wohnt unser eigenes Glück ganz allein in uns selbst.

Nur wenn man wirklich abgeschlossen hat, hat man die Chance das Herz, das einen nicht liebte, zu verschmerzen. Und noch wichtiger: nur dann kann man es davon abhalten uns im Wege zu stehen, wenn wir jemanden finden, der uns wirklich liebt.

Eines Tages werden wir finden wonach wir suchen – oder eben nicht. Vielleicht finden wir ja etwas, das noch viel schöner und größer als all das ist was wir uns erträumt haben?

Dann wird jemand kommen, der unser Glück vervollständigt – auch in Zeiten in denen wir gar nicht mehr daran glauben, dass es so was wie „Glück" überhaupt gibt. Dann ist unsere Liebe kein Geschenk an den Partner, sondern unser Geschenk an uns selbst... das wir zurückbekommen. Dann und erst dann finden wir unser Glück vielleicht in einer Partnerschaft.

Ja, ich gestehe: ich bin unheilbar romantisch...

(und glaube immer noch, dass es für mich „Wok" auch einen Deckel gibt)

P. S. Apropos unheilbar romantisch: sollte ich je in diesem Leben nochmal heiraten, habe ich heute mein Traumkleid dafür gefunden! Nun... es mangelt natürlich in erster Linie an einem Mann... noch dazu an einem Heiratswilligen. Dann fehlt die Beziehung, mein eigener Wunsch überhaupt nochmal zu heiraten und erwähnte ich schon den fehlenden Mann???? Also, um ehrlich zu sein mangelt es gerade an so ziemlich allem! Aber das Kleid, das Kleid hätte ich schon *lach* - erwähnte ich schon mal, dass ich unheilbar romantisch bin?

Was wenn ich am Ende die Liebe verliere?

Lieber Mr. X.,

ich bin gut im Vergeben, weswegen ich auch keine Ahnung habe, wie ich Dich aufgeben sollte, weil ich immer noch daran glaube, dass am Ende alles gut wird, weil ich immer noch an Dich glaube. Das werde ich so lange tun, bis Du mir gar keine andere Wahl lässt als Dich aufzugeben und zu gehen, weil mir die Liebe zu Dir sonst Löcher ins Herz brennen und tiefe Narben hinterlassen wird.

Doch bevor das passiert warte, vertraue und hoffe ich noch ein bisschen…

Und während ich hoffe Dich zu gewinnen, bemerke ich mit jedem Tag mehr wie ich verliere… meinen Glauben und mein Vertrauen in Dich, mein Lächeln, meine Leichtigkeit, Dich und letztlich mich selbst. Ich verliere mich im Warten und Hoffen. Was, wenn ich am Ende die Liebe verliere? Was, wenn wir unsere Liebe verlieren?

Manchmal fühle ich mich jetzt schon ungeliebt, ungesehen und das verletzt mich wie ein Messerstich. Dabei war ich doch die mit all den Zweifeln, den vielen „Neins", die ich jetzt für ein großes „JA" auf Seite räume. Glaube mir, ich habe es mir gründlich überlegt und obwohl ich mir immer alles ganz anders vorgestellt hatte, kann ich Dir jetzt sagen: „Ja, ich will!"

Aber ich habe jemanden verdient, der mich glücklich macht, der alles daran setzt um mit mir zu sein, der sein Leben mit mir teilen und bereichern will, der mich aus ganzem Herzen will, jemanden, der mit aller Überzeugung auch „Ja" zu mir sagt.

Ich will eine liebevolle, echte Verbindung – und wenn es nur für ein paar Monate ist. Ich weiß, dass Du kein „für immer" für mich hast und auch ich Dir nicht mein Leben geben kann gerade. Aber schenke Du uns doch die Zeit, die uns noch bleibt! Lass uns ein Stück unseres Lebensweges zusammen gehen, begleite mich – lass mich bei Dir sicher, geliebt und beschützt sein.

Natürlich weiß ich, dass das unendlich romantisch und vollkommen töricht ist, aber glaube mir, ich weiß ebenso, dass Romantik nichts mit Kitsch zu tun hat. Unsere Romantik ist dunkel und gequält, ein Aufruhr an Gefühlen, Leidenschaft und Verzweiflung. Ich weiß, dass

Du darüber nachdenken musst. Aber wie wäre es, wenn Du zur Abwechslung einfach mal Deinen Kopf ausschaltest und nur fühlst?

Wer weiß schon was morgen kommt? Oder nächste Woche oder nächstes Jahr? Wer weiß schon, ob all die „Wenn" und „Aber" und „Vielleicht" eintreffen werden. Wer weiß es schon?

Das einzige was ich weiß ist, dass das zwischen uns – von beiden Seiten – etwas ganz Besonderes ist. Eine tiefe Liebe und Verbundenheit, mit der wir beide für den anderen brennen und das ist etwas was wir weder stoppen noch kontrollieren können. Ganz egal wie sehr wir es zu ignorieren versuchen, es ist immer da und glaube mir, es wird bleiben. Was, wenn wir eines Tages bereuen, dass wir dem keine Chance gaben?

Lass es uns leben für den Moment! Ich kann nämlich keine weiteren Narben mehr ertragen und bin des Wartens müde... Lass uns leben! Wir können doch nicht beenden, was noch gar nicht richtig angefangen hat – wie können wir das alles aufgeben?

Du sagst, manchmal mache ich Dir Angst... mir macht es Angst, dass wir unsere wertvolle Zeit damit verschwenden nicht zusammen zu sein.

Hör auf zu denken und fühle! Was haben wir denn schon zu verlieren außer uns?

Deine XY

***

Je älter man wird
umso weniger kommt die Liebe mit einem lauten
„BÄÄÄMMM".

Sie kommt leise,
schleichend, fast lautlos –
dafür aber umso intensiver!

Und mein Leben schreit lauthals „NÖ!"

Es gibt diese Tage, da sage ich so „Och bitte!!!" und mein Leben schreit lauthals: „NÖ!" – umbringen könnte ich es in den Momenten, wo ich das Schicksal ein Arschloch nenne, ihm mit dem Finger drohe und es lauthals anschreie. Nicht mehr ich selbst bin ich an solchen Tagen, sondern nur noch genervt, wütend, zickig und kackbratzig. Dann muss ich mir bewusst machen, was mich gerade so nervt oder traurig oder wütend macht und mutig genug sein, um es hinter mir zu lassen, damit abzuschließen und vor allem weiter zu gehen. Und ich gebe zu, das ist nicht immer einfach.

Ich bin eine Frohnatur mit einer traurigen Seele, vereint in einem Körper. Das fühlt sich manchmal ganz schön komisch an. Am Ende bin ich wohl einfach nur betrunken von der Idee, dass die Liebe nicht nur Herzen bricht, sondern irgendwann auch meine Zerbrochenheit heilen kann. Ich weiß, dass alles wieder gut wird... Weisheit und Einsicht... nichts als geheilter Schmerz.

Solche Tage überstehe ich wegen kleiner Dinge, die mich glücklich machen: Salzwasser, Sand, der frühen Morgen und die späte Nacht, Momente der Einsamkeit, eine heiße Dusche, Spaghetti-Eis, blaue Tinte, weiches Gras, leere Seiten, der Geruch nach einem warmen Sommerregen, barfuß laufen, meine Lieblings-CD, eine SMS, ein Post nur für mich, die Liebe meines Hundes, die Seiten eines Buches, ein vergessener Liebesbrief, ein Tag im Bett, Sauna, Pizza aus dem Karton, ein paar Stunden in meinem Lieblingsbuchladen...

Dann verliebe ich mich wieder... in Bücher, Worte, Musik...

Da draußen ist so viel Leben, das danach fleht entdeckt zu werden, dass es völliger Schwachsinn ist, sich mit Blödsinnigkeiten aufzuhalten. Irgendwann, wenn ich geatmet habe und wieder ich selbst bin, muss ich breit lächelnd an Dich denken und daran, dass Du vielleicht auch gerade an mich denkst (an mich oder an Pizza) und ebenfalls breit grinsen musst.

Die Vorstellung lässt mich den ganzen sch... Tag vergessen!

Dann zeige ich meinem Leben mit einem Augenzwinkern den Mittelfinger und sage: „Leben, Du kannst mich mal!" und es antwortet mir lauthals singend in C-Dur: „HEY! Sei nicht so hart zu Dir selbst, es ist ok, wenn Du fällst... Du brauchst nur weiter zu gehen!"

Manchmal sind es die kleinen Dinge...

Liebe Männer,

unter einem meiner Facebook-Posts kommentierte (wen wundert's) ein Mann: "Die Texte sind für die Männerwelt etwas lang..." und er könne sich nicht vorstellen, dass Männer meine Texte lesen würden, weil das so viele Worte wären.

Nun, was wäre eine Autorin ohne Worte?

Und vielleicht würde es so manchem Mann gar nicht schaden diese zu lesen, denn das könnte wiederrum zum besseren, zwischenmenschlichen Mann-Frau-Verständnis beitragen.

Das wichtige ist doch: die, die es interessiert, nehmen sich die Zeit und lesen auch, was ich da so fabriziere!

Und für alle anderen mache ich es heute mal kurz:

Wenn Du jemanden findest, der Dich komplett „kriegt", der nicht nur zuhört oder nett ist, sondern Dich wirklich verstehen will – manchmal gar ohne Worte versteht, dann halte ihn fest! Ganz egal was passiert, egal wie kompliziert es die Umstände meinen, lass ihn nicht gehen!

Und manchmal sind es einfach die kleinen Dinge, die von großer Bedeutung sein können...

Liebe muss gar nicht laut sein...

Glaubt Ihr an Liebe auf den ersten Blick? Gibt es das überhaupt?

Ich bin an für sich davon überzeugt, dass Liebe nicht einfach so passiert, sondern ein Prozess ist. Ein gegenseitiges Verstehen und Akzeptieren des anderen – mit all seinen Ecken, Kanten (in meinem Fall auch Rundungen) und Eigenheiten. Liebe auf den ersten Blick... das scheint mir so unwahrscheinlich... dennoch passiert einem sehr selten im Leben genau das. Oder ist es eher das Erkennen zweier alter Seelen?

Damit ich mich verliebe und womit man(n) mich wirklich beeindrucken kann, ist wenn das was man heute sagt auch morgen noch Gültigkeit hat. Ich will mich auf etwas verlassen können, brauche jemanden, der beständig ist. Eigentlich ganz normale Dinge, die aber in der heutigen Zeit eine echte Herausforderung zu sein scheinen. Warum will eigentlich niemand mehr „verbindlich" sein? Was schreckt so viele vor diesem kleinen, doch eigentlich recht vertrauenswürdigen Wort ab? Und wenn jemand schon mit so etwas Selbstverständlichem überfordert ist, wie soll er sich dann als Mann an meiner Seite beweisen?

Ich brauche wirklich niemanden, der mir süße Worte ins Ohr säuselt, um das ausgehungerte Ego meines Herzens zu füttern (und der meint mich damit eventuell schnell ins Bett kriegen zu können). Ich brauche jemanden, der mir in die Augen sehen kann, „Ich liebe Dich" sagt und es genauso meint - ehrlich. Ganz egal ob ich richtig oder falsch liege, egal ob ich scheitere. Und noch viel wichtiger als ein „Ich liebe Dich" ist mir ein „Ich bin hier, um zu bleiben. Egal was kommt."

Warum ist es nur so schwer geworden die Liebe mit Leichtigkeit zu leben? Warum muss alles so kompliziert sein? Ich möchte vertrauen ohne darüber nachzudenken. Ich will geduldig sein dürfen (auch wenn das nicht meine Kernkompetenz ist), weil ich weiß, dass mein Warten belohnt wird. Ich will großzügig mit Emotionen und Berührungen sein, ohne dass sich jemand überfordert fühlt. Und ich will bedingungslos lieben – jeden Part einer Person. Nicht nur die schönen Seiten, auch die Fehler und Mängel. Mehr will ich doch gar nicht – und genau das erwarte ich im Gegenzug.

Aber dieses „mehr nicht" scheint in der heutigen Zeit schon zu viel. Wie ich in meinem zweiten Buch schon fragte: „Wie konnte es nur soweit kommen, dass wir uns mit weniger als Romantik zufrieden geben?"

Ich selbst bin wunderbar unperfekt. Ich mache Fehler, reagiere über, bin überemotional – nur wenn ich „Ich liebe Dich" sage – was selten genug vorkommt, dann meine ich das auch genau so. Mit allen Konsequenzen und jedem Für und Wider. Dann gibt es neben all den kleinen „Neins" ein großes „Ja", das für die Person spricht, die mir diese drei Worte entlockt. Und wenn jemand das für mich empfindet und am Ende vielleicht sogar sagt, dann erwarte ich, dass er es genau so meint oder geht – keine Kompromisse.

Liebe ist kein „Vielleicht" und Liebe ist keine Alternative – Du WEISST, wenn Du jemanden liebst und bist ein Idiot, wenn Du dann nicht entsprechend handelst.

Dabei muss Liebe gar nicht laut sein. Sie kann sich in so vielen kleinen Dingen äußern, ganz ruhig. Den Reifendruck prüfen, zum Beispiel. In einem „Fahr vorsichtig und melde Dich, wenn Du daheim bist." steckt so viel „Ich liebe Dich". Oder die Art jemanden anzusehen und sich zu fragen: „Wie konnte ich nur so ein verdammtes Glück haben?". Eine „Gute Nacht"-SMS (schreibt heute noch jemand SMS?) vor dem Einschlafen, ein „Ich denke an Dich". Manchmal heißt „Ich liebe Dich" auch, all den Flirtversuchen von anderen Frauen zu widerstehen. „Ich liebe Dich" muss nicht ausgesprochen werden (auch, wenn es wunderschön ist, diese drei kleinen Worte zu hören) – es kann auch einfach in der Ruhe, Beständigkeit und Wahrhaftigkeit gelebt werden. Ein „Ich liebe Dich" zeigt sich besser als in dem was man sagt in dem was man tut oder eben sein lässt.

Nur eines ist sicher: Liebe, das ist kein „Vielleicht".

Ja, ja, die liebe Liebe... ich glaube immer noch an sie – nach allem oder vielleicht auch trotz allem. Manchmal schleicht sie sich heimlich, still und leise von hinten an und überrascht mit einer nie gekannten Intensität. Sie ist jeder Grund und jede Hoffnung. Liebe... nur 5 Buchstaben und doch so ein großes, bedeutungsschweres Wort, das so viel Leichtigkeit ins Leben bringen kann.

Übrigens... die Sonne scheint und ich meine, heute den ersten Schmetterling gesehen zu haben ;-) Wo der wohl herkam?

Manchmal ist das Ende einer Geschichte ein Anfang... Verliebt Euch!

Arabische Weisheiten

Ein sehr kluger junger Mann hat mir eine arabische Weisheit verraten (naja, nicht nur eine... einen blühenden Strauss an Weisheiten und es werden täglich mehr, aber die eine spezielle mag ich etwas ausführen) ;-)

Man verzeihe mir, wenn ich sie nicht mehr wortwörtlich hinbekomme... irgendwo zwischen arabisch – englisch – deutsch ging bestimmt der genaue Wortlaut verloren, aber der Sinn war ungefähr:

„Nur weil etwas aus dem gleichen Blut gemacht ist, heißt das noch lange nicht, dass man die gleichen Werte und Gedanken teilt."

Das stimmt, denn wir alle werden in Familien hineingeboren, die aus Menschen bestehen, mit denen wir uns das gleiche Blut teilen und wenn wir Glück haben (so wie ich), teilen wir unser Blut und unsere Gene mit Menschen, die uns Teil ihres Lebens sein lassen, die versuchen uns Werte zu vermitteln und uns zu anständigen Menschen zu erziehen.

Doch unsere eigene Persönlichkeit entwickelt sich unabhängig davon weiter, Tag für Tag und so kann es sein, dass man durch das gleiche Blut verbunden ist, wir aber andere, unsere eigenen Werte und Verhaltensweisen entwickeln. Das kann dazu führen, dass man sich auseinander lebt, weil man plötzlich verschiedene Ansichten und Lebensweisen hat.

Wir müssen lernen unser eigenes Leben zu leben, müssen wissen, wie wir für uns richtig handeln und auch, wann wir vielleicht einmal unsere Stimme erheben müssen. Es ist ein normaler Prozess zu lernen „Nein" zu sagen und dadurch selbstsicher und reifer zu werden. Wir müssen unsere eigenen Träume verwirklichen, unabhängig davon, was unsere Familie davon hält. Das ist nicht immer einfach, gehört aber zum normalen Lösungs- und Entwicklungsprozess dazu.

Das Ziel unserer Eltern sollte es dabei sein zu akzeptieren, dass wir uns zu selbstsicheren, eigenständigen Menschen entwickeln, die ihr eigenes Glück finden müssen. Das ist bestimmt nicht immer leicht und niemand kann einen Vorwurf machen, wenn das nicht funktioniert. Welch Glück aber, wenn man engste Familienangehörige hat, die lieben ohne Grenzen zu setzen oder zu kontrollieren, die da sind und nicht aufhören zu lieben, egal wer man ist, wie man denkt oder handelt – das ist bestimmt nicht einfach und ich bin froh, dass meine engsten Lieblingsmenschen genau diesen Spagat ganz ganz oft schaffen. Das ist sehr viel wert.

Familie, das bedeutet nicht immer die gleichen Ansichten zu vertreten. Aber letztlich ist man nur durch das Blut verwandt... erst Loyalität macht aus einer Blutsverwandtschaft auch eine Familie. Deswegen müssen wir uns davon lösen zu glauben, dass wir weiterhin den Kontakt zu Menschen aufrechterhalten müssen, die uns schlecht behandeln, missachten oder uns verletzten, „nur" weil wir zufällig mit ihnen verwandt sind.

Ganz oft höre ich beim Kartenlegen oder von Freunden so etwas wie „Ich kann das nicht verstehen, wir sind doch verwandt..." oder „Aber das ist doch Familie" – nochmal: wir mögen durch das Blut verwandt sein, aber erst Loyalität macht Familie aus und wenn diese Loyalität oder unser Vertrauen wiederholt missbraucht werden, wenn man uns, so wie wir sind nicht akzeptiert, dann müssen wir bedenken, dass es im Leben darum geht unser eigenes Glück zu finden. Wenn uns also jemand wiederholt verletzt, egal ob Familienmitglied, Partner oder Freunde, dann ist es unser gutes Recht Distanz zu wahren. Nur weil das gleiche Blut durch unsere Adern fließen mag, heißt das ja noch lange nicht, dass wir uns gegenüber jemanden moralisch verpflichtet fühlen müssen, der diese Verpflichtung nicht zu schätzen weiß.

Im besten Fall ergibt sich aus einer gewissen Distanz eine neue Basis. Im schlimmsten Fall stellen wir fest, dass uns diese Distanz gut tut, weil wir nicht mehr regelmäßig mit Wut, Enttäuschung oder Verletzungen konfrontiert werden – dann hat auch diese Distanz am Ende etwas Gutes, weil sie uns vor neuen Fehlschlägen bewahrt.

Es ist schon etwas Wahres dran, dass man sich Familie nicht aussuchen kann. Umso besser, wenn wir das Glück haben mit unserer eigenen ganz zufrieden sein zu können *;-)*

Familie kann man sich nicht aussuchen... aber neben der Blutsverwandtschaft haben wir noch ein As im Ärmel: unsere Seelenfamilie - unsere Freunde.

Das sind die Menschen, die einfach auf unsere Frequenz abgestimmt sind. Man spürt völlig unabhängig von Blut oder Herkunft eine starke Verbindung zu ihnen, durch die man sich familiär mit ihnen verschrieben fühlt. Mit diesen Menschen gibt es genau das richtige Maß an Kommunikation, das dazu führt, dass sie intuitiv anrufen, wenn es uns schlecht geht, sie bringen uns bedingungslose Liebe entgegen, auch wenn wir anderer Meinung oder kackbratzig sind und diese Menschen scheinen genau den perfekten Zeitpunkt dafür zu erkennen, wann wir ihre Unterstützung brauchen. Diese Seelenfamilie teilt eine unausgesprochene Ebene des Verstehens mit uns – sie halten uns aufrecht mit allem was sie sind. Und auch wenn diese Seelenfamilie nur eine Seele beinhaltet, ist sie das kostbarste und wertvollste was uns das Schicksal schenken kann.

Für diese Art von Familie braucht es keine Blutsverwandtschaft, um Loyalität zu leben!

Ich wünsche Euch, dass Ihr das Glück habt in einer loyalen Familie aufgewachsen zu sein und noch heute in einem intakten Verhältnis mit ihr lebt. Solltet Ihr dieses Glück von „Familie" nicht haben, dann ist es manchmal besser sich aus moralischen Verpflichtungen zu lösen und anzunehmen, dass Familie nichts mit gemeinsamem Blut zu tun hat. Für diesen Weg wünsche ich Euch Kraft, Mut und ganz viel Liebe, Trost und Loyalität Eurer Seelenfamilie.

Für mich geht ein DICKES DANKE an die Menschen meiner Blutsverwandtschaft, die ich Familie nennen kann, die an mich glauben, mich akzeptieren und verstehen, auch wenn ich oft andere Ansichten habe, meine Meinung vertrete, mein eigenes Leben lebe und die mich trotzdem, dennoch oder gerade deswegen lieben.

Meiner Seelenfamilie (Ihr wisst genau, dass Ihr gemeint seid *grins*), kann ich nur sagen: DANKE! Für alles und immer…

***

Es gibt nicht viel
was man mir sagen kann,
weil ich doch schon alles gehört habe!

Es hat einfach nicht funktioniert...

Es hat einfach nicht funktioniert...
aber das herauszufinden,
war eines der besten Abenteuer der letzten Jahre.
Es hat einfach nicht funktioniert...
aber das macht mich weder traurig,
noch lässt es mich schmerzhaft oder
gar voller Wut oder Enttäuschung zurück.
Es hat einfach nicht funktioniert...
aber ich bin gewachsen und reifer geworden durch und mit Dir.
Es hat einfach nicht funktioniert...
aber ich frage mich nicht,
ob ich mehr hätte kämpfen müssen.
Es hat einfach nicht funktioniert...
aber es fühlt sich richtig an –
die Last des Wartens und Hoffens ist mir genommen
und ich bin voller Vorfreude auf das was jetzt kommen mag –
auch, wenn ich jetzt alleine bin.
Es hat einfach nicht funktioniert...
aber ich bin mir sicher,
wenn wir uns sehen,
bin ich gewillt die Herausforderung anzunehmen,
Dir in die Augen zu blicken,
Dich in Deinem Lächeln zu erkennen und
Deine Stimme zu hören -
es wird nichts mehr ändern.
Es hat einfach nicht funktioniert...
und genau das lässt mich mit Gewissheit sagen,
dass Du nicht mehr der bist, den ich will.
Es hat einfach nicht funktioniert...
aber ich würde Dir gerne „Lebwohl" sagen –
so wie Du es verdient hast.
Es hat einfach nicht funktioniert...
doch nichts von alledem tut mir leid!
Ich gehe lächelnd...

Das Herz will was es will!

Das Herz will was es will – da gibt es keine Logik.
Ich habe Dich getroffen, mich verliebt und das war es.
Natürlich habe ich versucht es zu vermeiden,
aber ich wusste,
dass Du jede Kollision zwischen Herz und Verstand wert sein wirst.
Das Herz will was es will –
es verwirrte mich nur, meinen Kopf von etwas zu überzeugen,
von dem mein Herz wusste, dass es eine Lüge ist.
Und ich habe ein Herz, weißt Du?
Wie könnte ich also leugnen was so offensichtlich ist?

Nur manchmal braucht der Kopf eben länger um zu kapieren,
was das Herz schon lange weiß.
Gefühle kann man nicht einfach abstellen,
denn das wäre Selbstbetrug und
mein Herz kennt die Wahrheit einfach zu gut.
Wie hätte ich aber auch wissen können,
dass ein so kleiner Funken gleich einen ganzen Waldbrand auslöst?
Das Herz will was es will – entgegen aller Vernunft,
denn inmitten all meines Chaos stehst Du.
Ich will Dich so sehr, dass ich an meiner Zurechnungsfähigkeit,
aber nicht mehr an meiner Fähigkeit zu lieben zweifle.
Das Herz will was es will –
ich weiß, dass Du mich für verrückt hältst...
aber manchmal bringt Dich das so zum Lachen,
dass mein Herz vor Glück zerspringen will.
Das Herz will was es will –
weil es so selbstverständlich und erfüllend ist bei Dir zu sein.
Es scheint, als ob wir uns bereits seit mehreren Leben kennen.
Das Herz will was es will – denn Liebe ist kein „Vielleicht",
ich weiß, dass ich Dich liebe und genau das ist es,
was Dich so gefährlich macht,
Du lässt mich an das Unmögliche glauben.
Das Herz will was es will –
manchmal muss ich Dich einfach anfassen, Haut an Haut,
weil ich nicht glauben kann, dass es Dich in meinem Leben gibt
und Worte nicht ausreichen, um meine Gefühle auszudrücken.
Das Herz will was es will – mein Herz tanzt mit Dir,
im selben Rhythmus, im selben Takt, zur selben Musik
und egal was auch immer kommen mag,
niemand kann uns die Tänze nehmen,
die wir bis jetzt miteinander getanzt haben.
Das Herz will was es will –
falls Du Dir also eine Zukunft ohne mich vorstellen kannst
und es Dir nicht Dein Herz dabei bricht,
dann ist das zwischen uns nicht das,
was ich dachte, dass es sein kann.
Das Herz will was es will –
und wenn ich liebe, liebe ich.
Ohne Wenn und Aber!
Wie es sich für ein Vollblutweib gebührt!
PUNKT.

Meine Welt ist bunt

Ich bin nicht niedlich und kein süßes Püppchen.
Ich bin die, die nachts alleine noch eine Runde mit dem Hund läuft.
Ich bin die, an der Gerede abprallt wie an den eisigen, steilen Hängen eines Berges.
Ich bin die, die sich in die Mitte des Feuers stellt, für die, die ich liebe.
Ich bin die, die mutig dem tosenden Sturm trotzt.
Ich bin die, die alles gibt, wenn sie liebt.
Ich bin die, die ohne nachzudenken ihr Leben für Dich geben würde.
Ich bin die, die ihr Leben meistens im Griff hat
oder es zumindest immer wieder in den Griff bekommt.
Ich bin die, die genau weiß was sie will
und vor allem, was sie nicht will.
Genau die bin ich!
Ich bin so vieles, aber ich bin nicht niedlich und kein süßes Püppchen.
Ich bin ein Vollblutweib, mit dem man(n) umgehen können muss,
ich bin eine Herausforderung, ein Problemfall, ein Rätsel,
dass es zu lösen lohnt, denn wenn ich liebe,
dann mit allem was ich bin und habe.
Ich bin nicht niedlich und kein süßes Püppchen,
aber ich bin verlässlich, vertrauenswürdig und zutiefst emotional.
Ich bin wild und leidenschaftlich und unvorhersehbar.
Ich bin zärtlich, sanft und ein offenes Buch,
für die, die es zu lesen wissen.
Ich bin eine permanente Explosion an Emotionen.
Das macht mich atemberaubend, anziehend und wunderschön –
für genau die Menschen, die das aushalten können und wollen
und mir auf liebevollste Weise Grenzen setzen.
Genau das liebe ich: dass nicht jeder in der Lage ist mich zu lieben.
Doch wenn ich liebe, wird alles anders – ich werde anders.
Dann wird alle Schwerkraft außer Kraft gesetzt,
meine Welt steht in Flammen und Kopf
und nichts ist mehr so wie es war oder sein sollte.
Aber auch das bin ich!
Dann wird es hin und wieder Zeit,
mich selbst daran zu erinnern wer ich bin.
Und ab und an wird es Zeit,
mir selbst ein paar aufmunternde Worte zu sagen:
„Hey, Vollblutweib!
Sei nicht traurig,
Du hast bislang alles überlebt.
Du machst das großartig!
Ich liebe Dich!"

Ich bin nicht niedlich und kein süßes Püppchen – zum Glück!
Denn niedliche, süße Püppchen sind vielleicht hübsch
und adrett und ziemlich „nett",
aber auch ziemlich farblos!
Und eines bin ich sicher nicht: FARBLOS!
Mit mir ist das Leben eine Explosion der buntesten Schattierungen!
Wie wäre es mal mit ein bisschen Farbe in Deinem Leben?

***

Ja, ja,
die „liebe" Liebe...
Ich glaube immer noch an sie -
nach allem oder vielleicht auch trotz allem.
Manchmal schleicht sie sich heimlich,
still und leise von hinten an
und überrascht mit einer nie gekannten Intensität.
Sie ist jeder Grund
und jede Hoffnung.

***

In Deiner Gegenwart
werde ich vom Leben geküsst!

Einfach ganz anders

Zwischen zart und hart scheinst Du der zu sein,
den ich mein Leben lang vermisst habe.
Du mischst Dich ein, hast Deine Meinung,
und lässt vor allem meine stehen.
Du hörst zu und bist aufmerksam, ehrlich, auch wenn es schmerzt.
Du akzeptierst und respektierst und Du nimmst mich... wie ich bin.
Wenn ich sage, ich bin kompliziert, antwortest Du:
„Einfach ist langweilig."
Du steckst ein – Launen, Worte und stärkst mir dennoch den Rücken.
Manchmal scheinst Du mein Fels in der Brandung,
mein rettender Hafen bei unruhiger See.
Und dann schaukelst Du mich wieder auf,
wenn Du undurchschaubar, kühl keinen Blick in Dich zulässt,
wenn Du keinerlei Gefühlsregung zeigst, Deine Emotionen versteckst.
Oder sind da gar keine?
Du beruhigst mich, fängst mich ein und auf –
manchmal mit nur einem Wort.
Du kümmerst dich und auch wenn Du fast nie da bist,
bist Du doch verlässlich an meiner Seite.
Ich habe noch nie jemanden getroffen,
der so wie Du seinen klaren, analytischen Verstand
mit einem riesengroßen Herzen vereint.
Diese Mischung macht Dich sexy.
Denn es ist sexy – so wie Du –
intelligent, aufmerksam und großherzig zu sein.
Wenn Du dann noch Dein charmantes Lächeln auflegst,
wirkst Du unwiderstehlich.
Einer der Hauptgründe warum ich Dich so mag ist,
dass Dein Herz nicht tot, sondern am Leben ist,
ich mag Dich, weil Leben in Dir ist.
Ich mag Dich für das was Du sagst und tust
und dafür wie Du mir mit rehbraunen Augen
direkt in die Seele zu sehen scheinst.
Wenn ich bei Dir bin fühle ich mich als ob ich nach langem
Herumirren endlich wieder meinen Heimweg gefunden habe.
Das mit uns, das ist nicht das was ich erwartet habe.
Es ist mehr und es ist weniger – es ist einfach „ganz anders".
Und „ganz anders" gibt mir,
 entgegen aller Logik und Widerstände, Hoffnung.
Da wir nicht wissen wie viel Zeit uns zusammen bleibt,
lass uns versuchen so aufrichtig und liebevoll wie möglich
miteinander zu sein.

Ich weiß nicht, was Du von mir erwartest,
aber ich versuche nichts von Dir zu erwarten.
So unterkühlt Du manchmal auch wirkst,
so weiß ich doch, dass in Dir drin ein gefühlvoller Held steckt.
Mein Held!

***

Und dann wirst Du ganz spontan
zum Tanzen aufgefordert -
im Wohnzimmer -
barfuß.
Und Dir wird bewusst:
„Verdammt lang her,
dass ich das das letzte Mal gemacht habe."

Ein uralter Song bekommt eine neue Bedeutung
und Du erinnerst Dich...
Du erinnerst Dich daran,
wie sehr Du genau das vermisst hast.

***

„Ach...",
sagte sie,
„Dich würde ich auch ganz spontan
an einem wolkenverhangenen Samstag
wie diesem heiraten.
Ohne Kleid.
Ohne Ringe.
Nur Du und ich...
und danach schauen wir das Deutschlandspiel."

Er sah ihr lange still in die Augen...
Und dann lächelte er.

Von der dickhäutigen Majestät mit dünnem Fell

Kennen wir sie nicht alle?

Die Menschen, die so sehr mit unserem Leben beschäftigt sind, dass es fast so scheint, sie hätten kein eigenes?

Gerade mir als Autorin „solcher Bücher" (*hihi*) werden ja die schönsten Dinge an den Hals gedichtet (leider reimen die sich meistens noch nicht mal), aber auch sonst sorge ich immer wieder gerne für Gesprächsstoff.

Die meiste Zeit interessiert mich das recht wenig – solang man über mich spricht bin ich nicht tot und zumindest noch interessant… hat ja was.

Aber es gibt so Momente, wo ich manch einem gerne einen Besen schenken würde – alternativ zum „vor der eigenen Türe kehren" oder zum wegfliegen – je nachdem womit man sich eher identifizieren kann – denn dann bin sogar ich genervt von so viel Betriebsblindheit.

Eines ist aber sicher: ich habe schon lange damit aufgehört mir Gedanken darüber zu machen, was andere wohl von mir denken oder über mich erzählen oder wie sie sich verhalten. Das ist nämlich völlig sinnlos! Die meisten wissen ja noch nicht mal, was sie von sich selbst denken oder halten sollen.

Ich mag nicht mal mehr eine Minute an Menschen verschwenden, die verbittert, unzufrieden, negativ sind und versuchen mir mit all ihren schlechten Gerede meine Energie zu rauben.

Übertroffen werden solche Leute eigentlich nur von denen, die Dich bis zum Rand eines Felsvorsprungs drängen, Dich dann kurz vorm Sturz zurückreißen und stolz behaupten, sie hätten Dir das Leben gerettet.

Himmel! Für den Umgang mit solchen Menschen habe ich ja nur einen Tipp: lauf so schnell Du kannst, um Dich aus deren Umfeld, all der selbstherrlichen Negativität zu entfernen!

Keine Minute mag ich mehr an solche Leute verschwenden und überhaupt mag ich meine Zeit nicht mehr an jemanden verschwenden, mit dem ich sie nicht gerne verbringe.

Viele sagen mir ja nach ich sei schwierig und wählerisch im Umgang mit Menschen... nun... kann mir jemand nur einen Grund sagen, warum ich das nicht sein sollte? Es ist mein Leben, meine Zeit, meine Energie. Warum sollte ich das nicht wertschätzen? Wenn das, was ich zu bieten habe, so wertvoll ist, warum sollte ich dann nicht sorgfältig wählen, wem ich es anbiete? Und warum sollte ich so etwas Wertvolles wie meine Lebenszeit an Menschen verschwenden, in deren Nähe ich mich nicht wohl fühle?

Dabei weiß ich, dass ich bei manchen Menschen geradezu lächerlich pingelig und empfindlich bin und im Gegenzug dazu bei anderen völlig blind und großzügig. Manche überschreiten meine Grenzen mit dem ersten Schritt, andere können das immer wieder... was der Unterschied ist? Es geht nicht darum, dass jemand mal einen Fehler macht oder mich verletzt – das ist menschlich und kommt vor. Aber wie man das wieder gut macht, das macht den Menschen aus und das entscheidet auch darüber, ob jemand nochmal eine Chance bei mir bekommt oder eben nicht.

Denn nichts, rein gar nichts ist wichtiger als Einfühlungsvermögen. Und wer das nicht hat, der möge sich doch bitte von mir fernhalten – oder sagen wir mal besser: den weiß ICH von MIR fernzuhalten.

Gerade das Verhalten anderer Menschen im Bezug auf „meine" syrischen Brüder lässt mich in letzter Zeit immer mehr erkennen, dass mein Fell da sehr dünn ist und ich zur Löwin werde, wenn wir auf Vorurteile oder beschämende Blicke stoßen. Mir wird es immer unbegreiflich bleiben, wie man sich gegenüber jemanden, den man überhaupt nicht kennt so abwertend verhalten kann, denn nichts, nichts ist so wichtig wie Einfühlungsvermögen und ein wenig Mitdenken, gerade wenn es um das Schicksal von Menschen geht.

Wir müssen mit anderen mitfühlen, um uns unsere eigene Würde zu erhalten. Nichts ist so wichtig wie das! Nichts! Nicht unsere Karriere, nicht Reichtum, nicht Intelligenz und schon gar nicht unser gesellschaftlicher Status.

Und wenn wir uns unsere Würde erhalten, unsere Empathie, dann schaffen wir es ja vielleicht sogar wieder mal vor unserer eigenen Haustür zu kehren?!

Falls nicht, biete ich gerne jedem einen Besen an... um vor der eigenen zu kehren oder gerne auch vor meiner (und bitte die Treppe nicht vergessen) und wer mag, darf auch gerne auf besagtem Besen hinfort fliegen... zack, zack, zack...

Wenn Ihr schon meint, Euch in mein Leben einmischen zu dürfen, dann bringt doch bitte auch gleich den Müll raus, wenn Ihr geht...

Und für die, die sich jetzt angesprochen und beleidigt fühlen (ja, genau Euch habe ich nämlich auch gemeint), denen sei ein Zitat eines guten Freundes ans Herz gelegt: „Denke immer daran: eine Königin kann überhaupt keine Majestätsbeleidigung begehen!"

Somit hat die Königin mal wieder zum Volk gesprochen *lachundironiemodusaus*!

Was ich eigentlich sagen wollte: Ihr könnt mich mal! Denn nichts und niemand wird mich auch weiterhin davon abhalten mein Leben so zu leben wie ich es für richtig halte! In dem Fall bin ich dann wohl doch eher ein Dickhäuter!

Und weil ich mal großspurig von mir selbst behaupte über Einfühlungsvermögen zu verfügen, lebe ich auch weiterhin so, dass ich niemand anderen bewusst verletze oder belästige und vor allem sehe ich es Euch großzügig nach, dass Ihr es einfach nicht besser wisst!

Aus tiefstem Herzen,

Eure dünn-dickhäutige „Majestät" Frau R.

P. S. ich freue mich jetzt schon über die, die von Größenwahn sprechen ;-) oder wie meine Mama einem meiner Syrer antwortete, der zu ihr sagte „But sometimes Julia is really crazy.": „You havn't seen anything yet!" – lach! Ich liebe diese Familie – die neue und einen großen Teil der „alten"!

Liebe Grüße, Deine Intuition

Lieber Mr. X,

ich bin ja ein Fan von: lieber ein HUCH als ein „was wäre wenn gewesen" – manchmal vergesse ich darüber nur leider mein Bauchgefühl und dann finde ich eine imaginäre Postkarte auf der steht: „Ich hab's Dir ja gleich gesagt! Liebe Grüße, Deine Intuition".

Du bist auch so ein Fall, vor dem mich mein Bauch gewarnt, mein Kopf "Stop" gerufen und mein Herz nicht gehört hat.

Manchmal ist das Schicksal aber auch ein Idiot, oder? Immer wenn ich denke alles zu wissen, damit anfange mit jemanden etwas zu planen, vertraue, mich auf etwas freue und glaube, ich bin endlich angekommen, ändern sich die Voraussetzungen, passiert etwas unvorhergesehenes, weht der Wind plötzlich aus einer ganz anderen Richtung. Das fühlt sich dann an als ob die Welt sich auf den Kopf stellt, Norden plötzlich Süden ist und Westen Osten. Und ich? Ich bin mal wieder völlig verloren.

Wie ein naives, kleines Mädchen dachte ich, dass ich schon so viel überstanden habe, dass mich nichts mehr verletzen könnte. Ich habe versucht meinen Körper kugelsicher zu machen und mein Herz in einen Bunker verwandelt.

Ich dummes Ding, ich, da dachte ich doch, mich kriegt nichts und niemand mehr klein, dabei bin ich weich und schwach geworden bei und mit Dir...

Mein Herz ist getroffen, die Mauern eingerissen, aber ich bin immer noch am Leben. Meine Seele hat jede Menge blaue Flecken und Blessuren abgekriegt, die aber bestimmt wieder verheilen werden. Ich hege und pflege sie, schmiere etwas Bepanthen und Seelenbalsam drauf, denn vielleicht ist es ja genau das, was mich lebendig macht? Dass ich auch schwach sein darf und so bin ich nun mal: verletzlich, aber stark.

Ich weiß, ich machte es Dir nicht leicht mich zu lieben. Ich bin eine chronische Drama-Queen, die überreagiert wo es manchmal gar nicht nötig ist. Ab und an bin ich völlig unsicher und beiße deswegen wild um mich und ja, ich bin eifersüchtig. Aber ich liebe Dich und kann Dir aus vollem Herzen versichern, dass ich Dich mit aller Leidenschaft und Intensität liebe, mit allem was und wer ich bin. Mit mir hast Du jemanden, der sich um Dich sorgt und hinter Dir steht – immer!

Mit Sicherheit bin ich nicht gut darin geliebt zu werden, aber ich glaube, ich bin ziemlich gut darin zu lieben.

Und ganz sicher, bin ich oft von allem „ein bisschen zu viel". Die gute Nachricht dabei ist aber, dass ich bedingungslos liebe – Du musstest nie an mir zweifeln, weil Du weißt, dass es so ist.

Allerdings dachte ich auch zu wissen, dass ich mein Herz nur einmal so richtig vergeben könnte. Danach gibt man nur noch das, was übrig blieb nachdem es einmal brach, dachte ich... ich dummes, naives Ding ich... (erwähnte ich das schon?).

Es gibt da einen Teil von meinem Herzen, den ich einfach nicht mehr öffnen konnte, weil es jemand in der Vergangenheit so gebrochen hat, mein Herz, dass ich dachte ich sterbe daran. Also war ich davon überzeugt, dass nichts und niemand es mir wieder so zerfetzen kann, mein armes Herz und behielt diesen letzten, rettenden Teil für mich. Das war auch gar nicht persönlich gegen Dich gemeint. Ich war nur davon überzeugt, dass mich nichts mehr so treffen kann, ich das nicht noch einmal überstehen möchte... wie sehr ich mich doch täuschte.

Ich beschloss einfach, dass dieser Teil meines Herzens nicht mehr zur Verfügung stehen wird und habe es dann einfach so vertrauensvoll in Deine Hände gelegt – einfach so! Dort schlägt es nun, in Deinen Händen, mein Herz... schwach, verletzt und ganz schön angeknackst.

Und ich?

Ich vergebe Dir, obwohl es Dir nicht mal so richtig leid tut was Du getan hast... vielleicht ist das ja wahre Stärke?

Vielleicht trage ich dieses tonnenschwere Herz auch mit so viel Fassung, weil ich nichts mehr persönlich zu nehmen versuche was Du tust oder sagst? Dabei gibt es gar nicht viel, was man mir noch sagen kann, weil ich doch schon alles gehört habe... vielleicht hilft es, Du würdest statt Worten auch mal Taten sprechen lassen?

Manchmal ist das Schicksal aber auch ein Idiot, oder? Aber ich werde tun, was ich immer tue, wenn ich mal wieder nicht verstehe, was es gerade mit mir vor hat – die Augen schließen, tief durchatmen und ins Zwiegespräch mit ihm gehen, ihm sagen: „Liebes Schicksal, Du A..., ich weiß, das ist Dein Plan für mich und ich habe keine Ahnung für was es gut sein soll, aber bitte hilf mir es zu überleben!"

Ich vergebe ihm, meinem Schicksal. Und Dir auch, Du Idiot! Aber ich tue es mit tonnenschwerem Herzen und jeder Menge blauer Flecken und Prellungen auf Seele und Herz.

Es gibt nicht viel, was man mir noch sagen kann, weil ich doch schon alles gehört habe...

Vielleicht kommst Du einfach und versuchst es wieder gut zu machen?

Von Herzen, Deine XY

Perfektion ist langweilig

„Our lives may not have fit together, but ohhh did our souls know how to dance..." dieses Zitat von K. Towne Jr. habe ich gelesen und fand es so schön, dass ich es mit Euch teilen muss. Manchmal lese ich Zitate oder kleine Geschichten und frage mich, warum ich das eigentlich nicht geschrieben habe?! Das hier zum Beispiel:

„Du bist mein Lieblings...", sagte er. „Lieblings was?", wunderte sie sich. „Wie erkläre ich es", druckste er herum, „Naja, Du bist mein Lieblingsaugenpaar zum Reinschauen. Mein Lieblingsname, der auf dem Display erscheinen kann, wenn das Telefon klingelt. Meine Lieblingsart den Abend zu verbringen. Du füllst meine Lücken, Schöne... Dich habe ich aus gutem Grund unter „Lieblings" in meinen Kontakten gespeichert." „Du bist auch mein Lieblings...", flüsterte sie.

Ist das nicht zauberhaft? Wenn man solche Worte für einen anderen Menschen findet? Das schönste, was in letzter Zeit jemand zu mir gesagt hat ist, dass ich nicht immer versuchen soll perfekt zu sein, sondern dass ich genug, gut und völlig ausreichend bin so wie ich bin. „Perfektion ist langweilig" wurde mir gesagt... manchmal verliere ich das aus den Augen, wenn ich mal wieder versuche eine perfekte „Frau R." zu sein, weil ich meine, die vorhandene genügt nicht. Dabei müssen ja nicht alle Zustände perfekt sein... so wie sie sind gehören sie halt zu mir (Dank und Kuss für diese weise Aussage).

Es ist schön, wenn man jemanden hat, der einen daran erinnert, dass man nicht perfekt sein muss, sondern einfach nur man selbst sein darf.

Ich kann Euch sagen, ab und an einfach nur nett sein und einem anderen ein Lächeln ins Gesicht zaubern, das ist wundervoll! Leider ist das viel zu selten geworden in der heutigen Zeit – ich erlebe es oft, dass Menschen überfordert sind, wenn man ohne jeglichen Hintergedanken einfach mal etwas Nettes zu ihnen sagt. Schade eigentlich... Wann habt Ihr zuletzt „einfach nur so" mal etwas liebevolles gesagt? Zu Eurem Partner, Euren Arbeitskollegen, Eurer Freundin, dem Nachbarn,...?!

Ich habe mir fest vorgenommen vermehrt ehrlich gemeinte Komplimente zu verteilen. Deswegen fange ich direkt mal damit an:

Ich danke meinen wunderbaren Lesern hier, die mich inspirieren. Es ist ein schönes Gefühl zu wissen, dass Ihr „hier" seid!

Und ein weiteres Kompliment geht an die Menschen, von denen ich, von dem Moment an als ich sie das erste Mal lächeln sah, wusste, dass ich sie mag – so einfach ist das manchmal!

***

*Und an manchen Tagen
poltern einem so viele Steine
laut vom Herzen,
dass sie einem Gebirge gleichen
und man Angst hat
die Nachbarn beschweren sich
wegen Ruhestörung.*

*Und während vorwitzig der letzte
kleine Kieselstein davon hüpft,
hat man das Gefühl,
das erste Mal seit langem aufatmen
und sich lächelnd zurücklehnen zu können.*

Für ein „Ich liebe Dich" gibt es keinen passenden Moment, nur das passende Gefühl.

Wenn ich zu jemanden „Ich liebe Dich" sage, dann weil ich den anderen dafür liebe wie er ist, was er tut, wie er sich verhält, weil ich seine Stärken und Schwächen sehe, erkenne und akzeptiere, weil ich all sein Licht und den Schatten gesehen und lieben gelernt habe. Und wenn dem so ist, dann gibt es für mich auch nichts zu bereuen – ein „Ich liebe Dich" habe ich noch nie bedauert, egal was geschah, denn wenn ich es ausgesprochen habe, war es genau zu dem Zeitpunkt so gemeint und richtig.

Auch wenn es zu einer Trennung kommt und sich Wege nie wieder kreuzen, für all die guten Momente, die es gab, weil ich „Ich liebe Dich" sagen konnte – aus voller Überzeugung – deswegen war und ist es richtig!

All denen, die diese drei Worte je von mir hörten (und das sind nicht viele) oder hören werden, wünsche ich, dass sie sich - so wie ich - immer an mein liebevolles Lächeln und die wortlosen Gespräche unserer Augen erinnern, dass sie immer wissen, dass sie geliebt wurden oder werden – ohne zu werten, bedingungslos. Ich wünsche diesen Menschen, dass sie nie alleine wach liegen und an sich selbst zweifeln müssen oder sich ungeliebt fühlen. Ganz egal was sie machen oder wo auch immer das Leben sie hin verschlagen hat oder hin verschlagen wird, ich hoffe, dass sie so wie ich von ihnen auch ein Stück von mir in sich behalten, dass sie mit einem Lächeln an den Moment denken, als ich ihnen aus vollem Herzen sagen konnte, dass ich sie liebe – ganz egal was danach kam oder kommt.

Um sich selbst und das Leben zu lieben, kann man nicht die Erfahrungen hassen, die einen geformt haben. Genau deswegen bereue ich nichts! Und schon gar kein ausgesprochenes „Ich liebe Dich"!

Wir wissen nie wie lange wir einander noch haben. Viel zu selten sprechen wir aus, was wir wirklich fühlen. Das ist der Grund warum wir im Hier und Jetzt so aufmerksam und liebevoll wie möglich miteinander sein und jeden Moment den wir teilen dürfen einsaugen sollten wie eine frische Meeresbrise.

Und wenn es sich richtig anfühlt für mich, werde ich es auch zukünftig bar jeder Vernunft sagen – für ein „Ich liebe Dich" gibt es kein "zu früh" oder DEN richtigen Zeitpunkt – höchstens ein "zu spät" kann es dafür geben – wie schade, wenn man es dann nie gesagt hat, obwohl es doch so auf der Seele brannte. Für ein „Ich liebe Dich" gibt es keinen passenden Moment, nur das passende Gefühl.

Rein gar nichts ist unbedeutend an diesen drei kleinen Worten – wie gerne ich sie noch (nur) ein einziges Mal hören würde...

Ja, manchmal entgegen aller Logik und Umstände hoffe auch ich auf den Zauber, den sie beinhalten.

Wann habt Ihr das letzte Mal jemanden, der Euch wirklich wichtig war „Ich liebe Dich" gesagt?

***

Manchmal ist das Leben echt beschissen!
Doch dann sehe ich den einen speziellen Namen
auf dem Display meines Telefons aufleuchten
und ich kann nicht anders
als zu lächeln.

In diesen Momenten weiß ich,
dass ich eines Tages,
an einem Sonntagmorgen um 11:30 Uhr,
neben der Liebe meines Lebens aufwachen werde.
Dann werde ich aufstehen,
Kaffee kochen,
Rühreier machen
und alles
wird einfach nur gut sein!

Wenn Du plötzlich die Hauptrolle in einem fremden Film hast

Manche Menschen hinterlassen bei mir einfach nur eine Frage: „Hä???" Kennt Ihr das?

So Menschen mit denen man selbst gar keinen Auftrag hat oder so gar kein Problem oder vielleicht auch gar nichts großartig mehr mit ihnen zu tun haben will als freundlich „Hallo" zu sagen, aber aus irgendeinem Grund spielt man bei denen plötzlich eine Hauptrolle in deren fremdem Film, die man nie wollte. Manche Menschen lassen mich einfach mit drei rot blinkenden Fragezeichen über meinem Kopf zurück, weil ich mich frage: „Was willst Du eigentlich gerade von mir?!"

Wer mich kennt weiß, dass ich die Diplomatie in Person bin und es lange braucht, bis ich mal etwas sage, aber so manch einer schafft es mich in 3 Sekunden von 0 auf 100 zu bringen. Am meisten ärgert mich dabei, dass ich gar nicht die mit dem Problem bin, sondern schlicht der andere ein Problem mit mir hat. Das darf er ja auch sehr gerne – bitte! Er darf sein Problem sogar behalten – sehr gerne sogar! Denn es ist ja SEIN Problem und nicht meines.

Witzigerweise habe ich persönlich seltenst ein Problem mit irgendwem und falls doch, bin ich „schon groß" und kommuniziere das demjenigen dann auch. Im Normalfall ist mir das aber meist so egal oder die Person ist mir schlicht so egal, dass es mir nicht mal die Mühe wert ist, mich drüber aufzuregen oder mich am Ende sogar mit demjenigen auseinanderzusetzen – das ist mir zu anstrengend.

Was mich aber definitiv aufregt sind die Menschen, die glauben ihr Problem mit mir zu meinem machen zu müssen ohne mich mit einzubeziehen – wo man dann über die hinterste Ecke erfährt: „Hey, Du hast da ein Problem von dem Du noch gar nichts weißt." Kleiner Tipp von mir: lasst es doch einfach, denn meistens will ich es auch nicht wissen – wie gesagt: das ist überhaupt nicht meine Baustelle! Aber man kommt halt um die ewige Unzufriedenheit, den Neid oder was auch immer der andere meint an einem ausleben zu müssen so schlecht herum. Wahrscheinlich kann man das ja auch nur hinter meinem Rücken austragen, weil den Mund aufmachen und das Echo vertragen ist unlängst schwieriger... aber was weiß ich schon?

Das schlimmste ist: diesen Menschen kann man es gar nicht recht machen (selbst wenn man wollte)! Sagst Du was ist es falsch, sagst Du nichts ist es falsch und prompt hast Du irgendeine Situation provoziert, weil Du einfach nur geatmet hast. Nicht mein Zirkus, nicht meine Affen, fällt mir dazu nur ein!

Manchmal frage ich mich auch, wie wichtig man sich selbst denn bitte nehmen kann? Als ob ich die Muse hätte, mich mit den Befindlichkeiten derer zu befassen, die ich noch nicht mal wirklich kenne? Sucht Euch doch ein Hobby! Da kann man seine unnötige Energie viel besser investieren!

Nö! Ich will das nicht! Ich sage es jetzt ganz offen und ehrlich: ich will einfach nur meine Ruhe! Ich umgebe mich mit den Menschen, die ich mag und alle anderen können gerne Abstand halten und ihr wie auch immer gelagertes Problem behalten!

Ich habe nämlich weder Zeit noch Lust auf jedwede Art von „Kindergarten" und vor allem habe ich keine Lust mehr darauf herauszufinden, woran es denn liegen mag oder gar zu versuchen es irgendwem recht oder „schön Wetter" zu machen. Nö! Da bin ich raus!

Freunden würde ich liebevoll den Rat von Sven van Thom mit auf den Weg geben: „Schatz halt's Maul – Du redest ungebeten", da wir ja aber gar keine Freunde sind, kann ich nur sagen: „Einfach mal die Fresse halten und sich um die eigenen Angelegenheiten kümmern." – vielleicht hat man ja genug zu tun, wenn man anfängt vor der eigenen Haustür zu kehren? Ich stelle gerne einen Besen zur Verfügung!

Entschuldigt, aber das musste mal gesagt werden! Geht auch gleich viel besser! Und jetzt: Haken dran!

An die, die sich nicht angesprochen fühlen: Ich hab' Euch lieb!

Die Geburt einer Erinnerung

Ich verliebe mich nicht zufällig.
Jeden Schritt auf dem Weg dahin gehe ich bewusst und bedacht,
begegne jedem aufkommenden Gefühl mit offenen Augen,
denn es ist ein beängstigender Gedanke,
dass man sich in einem Bruchteil einer Sekunde so verlieben kann,
dass es ein Leben lang dauern könnte,
um wieder darüber hinweg zu kommen.
Wer auch immer gesagt hat, „verliebt sein"
sei ein erstrebenswerter Zustand, der log.
Verliebt sein ist ein Chaos aus Empfindungen und Emotionen.
Ich liebe nicht beiläufig.
Wenn ich liebe, liebe ich heftig.
Wenn ich liebe lege ich meine Seele auf ein Silbertablett
und mein Herz auf die Goldwaage.
Alles was ich habe, alles was ich weiß, alles was ich bin,
überlasse ich Dir dann als Geschenk und hoffe,
dass Du es ganz vorsichtig auspackst.
Ich verliebe mich selten und „zu lieben" habe ich in einer alten
Schachtel auf dem Dachboden vergraben.
Aber heute bitte ich Dich mich zu lehren wieder so zu fühlen,
wie ich es auf jede Art und Weise vergessen und verdrängt habe.
Auch wenn ich weiß, dass wir keine Zukunft haben,
bitte ich Dich, mich genau in dieses zauberhafte Gefühlschaos zu
stürzen – mit jeder Konsequenz.
Lass mich Dich lieben und sei es nur für eine einzige Nacht.
Das ist alles worum ich Dich bitte…
Schenk mir eine Erinnerung von einem „uns", das es nie geben wird.
Jeder Abschied ist die Geburt einer Erinnerung, mein Liebster.
Liebe mich!
Oder rede ich von etwas,
das außerhalb Deiner emotionalen Postleitzahl liegt?
Über jemanden hinweg zu sein heißt,
dass man denjenigen nicht mehr liebt.
So dachte ich…
Doch dann kamst Du… und ich glaube nicht,
dass ich je damit aufhören kann Dich zu lieben –
auch wenn ich irgendwann über Dich hinweg sein werde.
Ich wünsche mir für Dich, dass Du glücklich bist,
zufrieden mit Deinem Leben – auch wenn der Umkehrschluss ist,
dass mich die Konsequenz daraus traurig machen wird.
Die Erinnerung an „uns" werde ich immer lieben –
wie verrückt wir nacheinander waren –

auch wenn diese Zeiten lange vorbei sind.
Ja, vielleicht werde ich eines Tages über Dich hinweg sein,
aber ich werde Dich trotzdem noch lieben.
Wie könnte ich nicht?
Jeder Abschied ist die Geburt einer Erinnerung,
mein Liebster.

Liebe ist kein tropfender Wasserhahn

Eines der großartigsten Gefühle der Welt ist es,
wenn da jemand ist, der Dich im Arm halten,
der Deine Stirn küssen und Dir nahe sein will.
Eines der großartigsten Gefühle der Welt ist es,
wenn da jemand ist, der mitten in der Nacht anruft,
um kurz Deine Stimme zu hören
oder der Dir eine Nachricht tippt,
um Dir zu zeigen, dass er gerade an Dich denkt.
Eines der großartigsten Gefühle der Welt ist es,
wenn da jemand ist, der Dich lächeln sehen
und wissen möchte was Du denkst und fühlst.
Eines der großartigsten Gefühle auf der Welt ist es,
wenn da jemand ist, der Dich verstehen will
und Dich annimmt mit allem was Du bist.
Doch das schönste Gefühl auf der Welt ist es,
wenn da jemand ist, der alles dafür tut,
um Dich glücklich zu sehen.
Liebe ist kein stetig vor sich hin tropfender Wasserhahn!
Liebe ist ein Orkan!

All die wunderbar krummen, unperfekten Vollkommenheiten

Es gibt so Tage, da fühle ich mich fürchterlich alleine. Nein, nicht nur allein, es gibt so Tage, da bin ich abgrundtief einsam. Manche Tage sind lang und hart und wühlen mich auf. Mir hilft es dann, mich ans Wasser zu setzen, dem Hund beim Toben zuzusehen. Irgendwann kommt der Moment, wo ich runterfahre und mir schlagartig wieder bewusst wird, wie gesegnet ich eigentlich mit meinem Leben bin.

Ich bin froh, um all die Abermillionen herrlichen und katastrophalen „Unfälle", die mich dahin gebracht haben, wo ich heute bin und die mich zu der gemacht haben, die ich heute bin.

Es sind „Kleinigkeiten" wie der Geruch nach einem Sommergewitter oder mein uraltes, ausgeleiertes Lieblings-T-Shirt, mein vor ungezügelter Lebensfreude übersprudelnder alter Hund, ein Buch, das ich nicht mehr weglegen kann, Lieder, die für mich geschrieben zu sein scheinen, der Geruch von frischem Brot, eine Tasse meines Lieblingstees, das Meer, ein handgeschriebener Brief oder auch nur ein kleines „Ich denk an Dich" Post it, ein Stück Schokoladenkuchen, die mich dann wieder zurück holen und mich dankbar sein lassen für all das, was ich habe.

Wenn ich an all die schiefen, wunderbar krummen, unperfekten Vollkommenheiten denke, die mich und mein Leben ausmachen, dann glaube ich wieder daran, dass meine Zeit schon noch kommen wird – dann bin ich auch fest davon überzeugt, dass eines Tages jemand meine Wellen ruhig ans Ufer legt und ich zur Ruhe komme.

Und in den Momenten, wo ich wieder bei mir bin, denke ich an meine Lieblingsmenschen... Ich weiß immer nicht so recht, was ich sagen soll, wenn sie aufgebracht, gestresst oder erschöpft sind und es zerreißt mich, dass ich so oft nicht helfen, nicht unterstützen und nicht da sein kann, mir die richtigen Worte fehlen. Aber Ihr müsst wissen, dass ich immer für Euch da bin, Euch versuche aufzufangen, wenn Ihr fallt und wenn Ihr Euch je Frühs um 4 einsam fühlt, dann ruft mich an, ich bin da. Ich bin mir all des Schmerzes und der Traurigkeit bewusst, die Ihr in Euch tragt, weil ich sie selbst zu gut kenne und ich bin gewillt, sie mit Euch zu tragen. Ihr müsst nur wissen, dass ich Euch lieb habe und es mir das Herz bricht zu wissen, dass Ihr nicht glücklich seid und es Euch gerade nicht gut geht. Und noch mehr macht es mich traurig, dass ich nicht bei Euch sein kann, sondern uns nur das Telefon verbindet. Worte wischen nun mal keine Tränen weg oder umarmen, Finger und Arme tun das...

Letztlich wissen wir – Du und ich – wer uns tatsächlich liebt. Es sind die, die uns so sehen, wie wir wirklich sind, die uns genau deswegen lieben, weil wir nicht nur aus strahlendem Sonnenschein, sondern auch aus düsteren Gewitterwolken bestehen und die, egal was auch ist, immer einen Weg finden werden, bei uns zu sein und uns zu unterstützen.

Fühlt Euch umarmt! Fühl Dich umarmt Welt, fühl Dich umarmt Leben, wir haben ja nur Dich... warum eigentlich nicht einfach das Beste daraus machen?

***

*Schlaf hilft nichts,
wenn die Seele müde ist.*

*Ob das der Grund meiner
permanent schlaflosen Nächte ist?*

*An manchen Tagen ist die Seele
einfach müder als sonst
und „Hoffnung"
nicht mehr als eine
billige Phrase.*

Entscheidungshilfe

Wenn Du Dich für mich entscheidest, verspreche ich Dir,
dass ich Dich jeden Tag mit seltsamen Scherzen
und zufälligen Küssen zum Lächeln bringen werde.
Ich verspreche Dir, dass ich Dir den Rücken stärke,
wenn der Gegenwind hart von vorne kommt.
Ich verspreche Dir, Deinen verspannten Nacken zu massieren
und über Deine dummen Witze zu lachen.
Ich verspreche Dir, Dir zu zuhören, wenn Du nach Hause kommst
und mir erzählst, wie schrecklich Dein Tag war.
Und wenn sich die ganze Welt gegen Dich zu verschwören scheint,
verspreche ich Dir, Dich zu halten.
Ich verspreche Dir, dass ich keine Spielchen spielen werde,
da ich nicht an sie glaube - ich will einfach nur aufrichtig sein.
Ich verspreche Dir, dass es mehr als eine Millionen gute Gründe für
Dich gibt,
Dich für mich zu entscheiden.
Doch solltest Du Dich gegen mich entscheiden - geh!
Ich kann und will keine Zeit und Gefühle an jemanden verschwenden,
der kein Teil meines Lebens sein will.
Ich habe Menschen verloren, die die Welt für mich bedeutet haben

und es geht mir trotzdem beinahe gut damit.
Ich bin unabhängig und ich glaube,
das ist es, was mich so besonders macht.
Ich habe die Liebe zu mir selbst gefunden und kann alleine sein...
Ich will es aber nicht mehr!
Wenn Du Dich also gegen mich entscheidest – geh!
Dann wünsche ich Dir jemanden an Deiner Seite,
der mutig genug ist, um sich Deinen Stürmen zu stellen.
Ich wünsche Dir jemanden, der Dich gut genug kennt,
um die Höhe Deiner unruhigen Wellen zu akzeptieren
und der in der Lage ist, sie ruhig ans Ufer zu legen.
Ich wünsche Dir jemanden, der die Ruhe genießt,
die Du ausstrahlen kannst und der es nicht abwarten kann
in der Weite Deiner Gedanken die Segel zu setzen.
Ich wünsche Dir jemanden an Deiner Seite,
der nicht vor seiner Liebe zu Dir flüchtet, sondern bei Dir ist,
weil Du ihm in Fleisch und Blut übergegangen bist.
Ich wünsche Dir jemanden, der sich immer daran erinnert,
dass Du das einzige Abenteuer bist, das es wert ist entdeckt zu werden.
Wenn Du Dich gegen mich entscheidest, hoffe ich, dass Du jemanden an der Seite hast,
der all das für Dich fühlt was ich für Dich fühle und der Dich liebt.
Egal welchen Weg Du nimmst und wie Du Dich entscheidest,
ich will nicht länger alleine sein...
Ich will Dich einfach nur lieben dürfen!
Pass auf Dich auf!

***

*Diese Welt ist so verdammt traurig,
wenn man nicht verliebt ist!*

Die Geschichte vom Problem am Ende des Tages auch einfach nur ein Mensch zu sein...

Ich gestehe: ich bin explodiert!

Meine Nerven lagen blank und die ganze Anspannung der letzten Wochen ist aus mir rausgeplatzt. Ich habe im wahrsten Sinne des Wortes auf den Tisch gehauen, obwohl das doch so gar nicht meine Art ist sonst und dann hat es auch noch die Falschen getroffen, die eigentlich nur der letzte Auslöser, aber nicht die Ursache waren. Ich bin wütend aus dem Raum gerauscht (und glaubt mir, wenn das Vollblutweib auf den Tisch haut und aus dem Raum rauscht, ist das beeindruckend) und habe alle sprachlos zurück gelassen.

Natürlich habe ich mich keine 5 Minuten später – als ich etwas runter gekommen und einmal um den Block gelaufen bin – entschuldigt, aber da war das Kind schon in den Brunnen gefallen oder besser gesagt: der Vulkan ausgebrochen.

Das, was ich gesagt habe, bereue ich nicht. Ich bereue nur die Art und Weise wie ich es gesagt habe. Meine berühmte mit roter Schleife umwickelte Diplomatie war weit und breit nicht zu sehen und ich kann mich auch nicht erinnern, wann ich das letzte Mal so sauer war, geschweige denn so ausgeflippt bin.

Sicherlich hat das viele Ursachen... mein Nervenkostüm ist im Moment genau das: ein Kostüm, das all die wahren Gefühle in mir überdeckt. Ich versuche für jeden zu lächeln und mir nicht anmerken zu lassen wie es wirklich in mir aussieht, aber das funktioniert halt alles nur eine gewisse Zeit lang. Oder um Johnny Cash zu zitieren: „Wenn Du nicht ganz genau sagst, was Du und wie Du Dich fühlst, dann kannst Du auch gleich gar nichts sagen."

Und ich stimme dem zu. Mit all meiner Diplomatie und dem Wunsch es jedem in meinem Umfeld irgendwie recht zu machen, habe ich meine eigenen Gefühle und Bedürfnisse jeden Tag ein wenig mehr versteckt und verleugnet und vor allem mit niemanden darüber gesprochen – vielleicht auch, weil keiner zugehört hat?! Solange, bis eben eine Grenze überschritten war, ein Punkt erreicht, wo ich nicht mehr konnte, alles aus mir herausbrach, wo „einfach so weitermachen" und mir nichts anmerken lassen eine übermenschliche Höchstleistung wurde, die ich nicht mehr erbringen konnte.

All das rechtfertigt natürlich bei Weitem nicht, dass ich so einen emotionalen Ausbruch hatte, aber kennt Ihr das, wenn Ihr wochenlang für alle Verständnis aufbringt, aber niemand Euch zu verstehen scheint? Wenn Ihr jeden Tag versucht für alle Euer Bestes zu geben, nur für Euch selbst niemand da ist? Und ich rede jetzt nicht davon, dass ich einfach einen Freund hätte anrufen können, wir dann einen Termin ausmachen und uns treffen... manchmal sind es eben Akutsituationen, in denen man einfach nur mal umarmt werden möchte.

Selbst ich Vollblutweib brauche ab und an mal jemanden, der mir spontan den Kopf tätschelt, für mich da ist und mir das Gefühl gibt, dass eben irgendwann bestimmt schon wieder alles gut werden wird. Irgendwann... vielleicht...

Freundschaft oder Familie bedeutet eben nicht nur füreinander da zu sein, wenn der andere gut drauf ist und „funktioniert". Es bedeutet besonders, dass man füreinander da ist, wenn es dem anderen nicht gut geht. Dass man sich zum anderen auf den Boden setzt und dort einfach ein wenig mit ihm sitzen bleibt. Und jeder – wirklich JEDER – sollte das Recht haben auch mal schwach sein zu dürfen. Nur so kann man auch wieder stark werden...

Naja... ich habe es verkackt. Aber manchmal treffen auch die, die täglich versuchen ihr Bestes zu geben schlechte Entscheidungen. Das macht sie (und auch mich) nicht zu schlechten Menschen, es bedeutet nur, dass sie (und somit auch ich) menschlich sind.

Ich habe einen Fehler gemacht und ich habe mich entschuldigt.

Ich entschuldige mich aber nicht dafür, dass ich mich alleingelassen, nicht geschätzt und ungeliebt gefühlt habe, sondern dafür, dass ich meinen Emotionen auf die falsche Art ihren Lauf ließ, ich bin nur ein Mensch, mit begrenztem Kontingent an dem, was man auf meinen Schultern abladen kann. Mir ist nichts zu viel – was ich tue kommt von Herzen ohne Erwartung darauf, dass etwas zurück kommt... außer vielleicht ein wenig Verständnis dafür, dass auch ich nicht unendlich belastbar bin, dass ich ungeduldig, wütend, enttäuscht, verletzt und traurig sein kann und darf.

Und wer nur die mit dem offenen Herzen und Ohr für jeden liebt, nur die, die funktioniert und ihre Gefühle verneint, damit es anderen gut geht, nur die, die brav den Mund hält, dann kann ich nur sagen: Ihr liebt die Falsche!

Ich bin immer noch ich - voll mit Fehlern, Ecken, Kanten und Macken, geschliffen von meiner Vergangenheit. Wer mich so nicht liebt und auch mal die andere Seite von mir aushält, versucht mich zu verstehen und sich zu mir setzt, wenn ich am Boden bin, mich in den Arm nimmt, mir hinterher läuft und erkennt, dass mein Ausbruch nur ein Ausdruck meiner Verzweiflung ist, der liebt nicht wirklich mich und hat keine Ahnung davon wer ich bin.

Ich bin nicht perfekt – im Gegenteil – ich bin weit davon entfernt, ich versuche es auch gar nicht zu sein, aber ich habe ein riesengroßes Herz und meine Absichten sind und waren immer gut.

Am Ende des Tages bin ich kein schlechter Mensch, sondern jemand, der es immer wieder schafft für mich und andere stark zu sein, wenn alles schief zu gehen scheint – nur bin auch ich halt irgendwann mal am Ende meiner Kräfte. Dafür kann, will und werde ich mich nicht entschuldigen.

Aber ich glaube täglich… daran, dass irgendwann doch noch alles gut wird, daran, dass morgen ein neuer Tag ist, und ich glaube an Wunder…

Woran ich allerdings nicht glaube ist Perfektion – das Vollkommene liegt im Unperfekten.

Ich bin nicht perfekt… aber ich werde auch weiterhin jeden Tag versuchen mein Bestes zu geben. Auch wenn ich dabei am Ende des Tages doch wieder nur zur Erkenntnis gelange, dass auch ich einfach nur ein Mensch bin – menschlich irgendwie.

Wenn ich das nächste Mal ausflippe, brauche ich vielleicht einfach nur jemanden, der auch oder besonders in so einer Situation zu mir steht und mir den Rücken stärkt. Jemanden, der mir hinterherläuft und mich umarmt. Jemanden, der mir das Gefühl gibt, dass ich nicht alleine kämpfe, sondern der für mich da ist, auch wenn ich unperfekt bin…

Irgendwo da draußen wird es irgendwann mal irgendwer verstehen…

P. S. Es tut mir leid!

Es ist einfach nur zu spät

Liebe XY,

gerade lief unser Lied im Radio. Es hat mich völlig unvorbereitet in eine andere Zeit, in unsere Zeit zurück geworfen. Es hat mich dermaßen von den Füßen geholt, dass ich rechts ran fahren musste. Es hat mich aus dem Gleichgewicht gebracht. Ich habe dieses Lied gehört und es war, als ob Du neben mir sitzt und es lauthals mitsingst. Du weißt welches ich meine, oder?

Und ich gestehe, ich habe mich durch Dein Facebook-Profil gestalkt, ganz zurück zu der Zeit als ich noch Teil Deines Lebens war und mir Bilder aus unseren glücklichen Tagen angesehen.

Mit einem lauten Knall hat mich unsere gemeinsame Vergangenheit eingeholt und mich aus einem ganz einfachen Grund umgerissen: mir wurde klar, dass mein Herz eben noch einmal brach, eine alte Wunde, von der ich dachte, sie sei verheilt, aufgerissen wurde.

Ich erinnere mich an unsere Zeit. Jünger war ich damals, dümmer und uneinsichtig. Oh ja, ich sehe Dich jetzt den Kopf schütteln, wenn Du das liest. Denn ich war gar nicht jung. Aber unreif in den Entscheidungen, die ich traf und im Umgang mit Dir und Deinem Herzen, das war ich. Heute wurde mir das bewusst. Und heute, heute wo ich das weiß, ist es zu spät, um irgendetwas wieder gut zu machen.

Du hast so lange ausgehalten, warst geduldig, hast all meine Umwege in Kauf genommen und dann, für mich völlig unvorbereitet, die Notbremse gezogen. Ich gestehe: Du hast mich damit eiskalt erwischt damals. Mein Stolz hat nicht zugelassen, dass ich um Dich kämpfe und all das wurde mir heute durch unser Lied bewusst.

Vielleicht war ich zu hochmütig oder zu egoistisch? Vielleicht habe ich nur an mich gedacht und Deine Bedürfnisse übersehen?! Was auch immer es war, was Dich letztlich dazu veranlasste mein Leben zu verlassen, jetzt kommt jede Einsicht zu spät, denn ich kann es nicht mehr gut machen oder den Müll, den ich hinterlassen habe, aufräumen. Es ist zu spät, um etwas anders, besser oder wieder gut zu machen. Es ist zu spät für Selbsterkenntnis – es ist einfach nur zu spät.

Und heute holt es mich schlagartig wieder ein... durch dieses Lied und unsere Fotos. Es verfolgt mich, weil ich nie aufgehört habe Dich zu lieben, sondern von Dir gezwungen wurde damit aufzuhören. Eigentlich liebe ich Dich immer noch ein bisschen. Aber Du hattest jedes Recht zu gehen – das weiß ich heute.

Ich weiß, dass Du mir nicht glaubst, wenn ich Dir jetzt sage, dass Du immer noch einen Platz in meinem Herzen hast, denn auch, wenn ich es Dir nie gesagt habe, ich habe Dich geliebt. Ich habe es Dir nie gesagt und schon gar nicht gezeigt, vielleicht weil ich es selbst erst begriff als Du schon lange nicht mehr da warst und weil ich Dich immer als viel zu selbstverständlich genommen habe. Eiskalt hat mich Dein Gehen erwischt.

Ja, es tut weh mir einzugestehen, dass ich Unrecht hatte, dass ich nicht gekämpft habe und dass ich Dich sang- und klanglos gehen ließ. Wie gleichgültig muss ich Dir vorgekommen sein und wie sehr muss es Dich getroffen haben, dass ich wirkte, als sei es mir egal. Es tut weh, dass ich mir eingestehen muss, dass ich Dich verletzt habe. Ich war betriebsblind damals. Mein Kopf hat dem Herzen keinen Platz eingeräumt.

Am meisten tut wohl aber weh, dass ich noch nicht mal mehr die Chance habe mich für die Fehler zu entschuldigen, die zu dem Desaster geführt haben, das aus dem wurde, was Du „Liebe" genannt hast. Wie schade, dass ich und mein Stolz nicht in der Lage sind „Entschuldige bitte" zu sagen, weil die Mauern zu hoch gezogen sind, weil es auch viel zu spät ist. Die Zeit ist vorbei, in der ein „Ich will nur, dass Du weißt, dass ich heute weiß..." vielleicht irgendetwas erklärt hätte.

Es ist für mich selbst schlimm, dass ich erst jetzt, Jahre später, erkenne, was ich alles hätte schätzen und tun müssen, es aber nicht getan habe und wie sehr ich Dich durch meine gezeigte, aber nicht gemeinte Gleichgültigkeit verletzte.

Noch mehr schmerzt es, dass ich mir eingestehen muss, dass letztlich ich es war, der es verbockt hat, ich es so verbockt habe, dass Du keine andere Möglichkeit sahst, als zu gehen, Dich selbst zu schützen.

Ich erinnere mich jetzt, wo unser Lied kommt und ich Deine Fotos sehe daran, dass längst nicht alles gesagt wurde, was gesagt hätte werden müssen. Wie schade, dass wir beide – Du und ich – nie in Ruhe über alles gesprochen haben, zumindest dann als die schlimmsten Wunden verheilt waren. Auch das habe ich versaut, denn Du hast es ja versucht. Manchmal frage ich mich, ob diese Wunden ohne ein klärendes Gespräch überhaupt je so richtig und ganz abheilen werden?!

Wie geht es Dir damit?

Ich nehme jetzt all meinen Mut zusammen und schlucke meinen Stolz runter. Lass Dir gesagt sein: „Es tut mir leid! Ich wünsche Dir von Herzen, dass Du heute jemanden an der Seite hast, der es besser macht als ich damals! Jemanden, der zu schätzen weiß, was für eine tolle Frau Du bist."

All das habe ich Dir heute aufgeschrieben, meine Hübsche. Ich habe es aufgeschrieben in diesem Brief an Dich, weil ich es Dir nie gesagt habe... Weißt Du, manchmal, in ganz stillen Momenten, denke ich noch an Dich und die verrückte Zeit, die wir hatten.

Und jetzt? Jetzt werde ich diesen Brief nehmen, ihn zerknüllen, ihn aus dem Fenster werfen und weiterfahren. Der nächste Termin ruft, ich bin viel zu spät dran.

Manchmal, manchmal denk ich noch an Dich, aber Du wirst es nie erfahren... ich kann es Dir einfach nicht sagen... tut mir leid!

Ich nehm' Dich ganz fest in den Arm,

Dein Mr. X

***

Ein gebrochenes Herz
ist wie eine gebrochene Rippe –
von außen sieht es nicht so aus
als ob etwas nicht in Ordnung wäre,
aber jeder Atemzug schmerzt!

Herzen brechen lautlos...

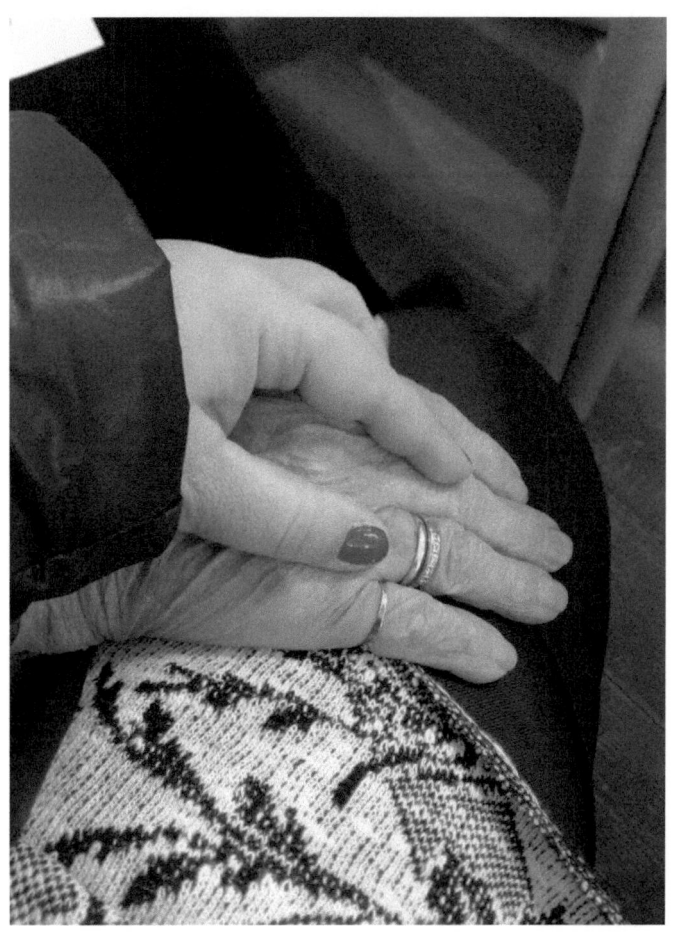

Über kleine Weihnachtswunder...

Heute habe ich mich mit jemanden über Weihnachtswunder unterhalten und es kam die Frage auf: „Ist das nicht zu klein, um es ein Weihnachtswunder zu nennen?"

Meine Antwort darauf war: „Das glaube ich nicht... denn es sind die kleinen Dinge, die das Wunder und den Zauber von Weihnachten ausmachen! Ein unerwartetes Lächeln, ein nettes Wort, eine kleine Geste. Wir verlieren aus den Augen, dass Wunder im Kleinen passieren."

Genau darüber denke ich jetzt die ganze Zeit nach. Müssen Wunder denn immer die großen, weltbewegenden Dinge sein? Liegt das Wunder - gerade der Weihnacht - nicht in den kleinen, unerwarteten Freuden und Gesten?

Ist Weihnachten nicht den einsamen Nachbarn am Heiligabend zum Essen einzuladen? Oder jemanden eine kleine Freude zu bereiten, womit dieser überhaupt nicht gerechnet hat? Heißt Weihnachten nicht dem Paketboten ein kleines Präsent vor die Tür zu stellen, weil er das ganze Jahr zuverlässig die Bestellungen abliefert? Liegt das Wunder der Weihnacht nicht in einem viel zu lang nicht gesagten, aber doch immer gemeinten „Ich liebe Dich"? Ist es kein Weihnachtswunder, dass wir uns haben? Liegt der Zauber von Weihnachten nicht darin, dass wir einfach mehr Lächeln, obwohl wir gestresst sind? Ist Weihnachten nicht in jeder Umarmung, die wir zu dieser Jahreszeit mehr verschenken? Weihnachtswunder, das sind Überraschungsbesuche mit denen man nicht rechnet und die einen ganz eigenen Zauber innehaben. Weihnachtswunder ist doch Menschen wiederzusehen, die wir viel zu lange vermisst haben, oder?

Gestern habe ich mich spontan entschieden einer begeisterten Leserin meiner Facebook-Posts mein Buch zu schenken, einfach, weil sie ein recht bescheidenes Jahr hatte, wie sie mir fast nebenbei berichtete, als sie sich für meine Worte bedankte. Welch Freude mir ihre Worte machten und welch große Freude, die ich mit meinem Buch (völlig unerwartet) ausgelöst habe, das war für mich ein ganz persönliches kleines Weihnachtswunder. Es sind nicht große Geschenke oder materielle Werte – Freude verschenken, jemanden glücklich machen, einfach so, weil man es selbst gerade kann – das ist Weihnachten.

Ein persönliches Weihnachtswunder für mich ist jedes Jahr mein Weihnachtsbaum. Oft werde ich gefragt: „Für Dich alleine machst Du einen Baum?" Ja, das mache ich – mit viel Liebe und ich weiß, dass ich jeden Abend davor sitzen werde, die Lichter brennen sehe und mich freue – das ist ein Stück Heimat für mich. Meine Mama hat mir erzählt, wie ich reagierte, als ich mit circa zwei Jahren das erste Mal den beleuchteten Gemeindetannenbaum auf unserem Dorfplatz sah. Mit großen Augen muss ich davor gestanden haben und beinahe sprachlos: „OH! Lichterbaum…" gehaucht haben. Und genau so geht es mir heute noch, wenn ich die Christbäume überall scheinen sehe.

Wie ein kleines Kind stehe ich mit großen Augen davor und bin fasziniert – es sind die kleinen Dinge, die Weihnachten wundervoll machen.

Dabei habe ich jedes Jahr meinen ganz eigenen, geliebten Weihnachtsmoment, wenn ich mit meiner Oma zusammen in der Partensteiner Kirche sitze, wir uns an den Händen halten, die Lichter ausgehen, nur noch der große Tannenbaum leuchtet, es ganz still wird und wir zusammen mit allen anderen „Stille Nacht" singen, das ist Weihnachten und das ist mein Wunder – jedes Jahr. Wenn danach der Männerchor den „Andachtsjodler" singt, dann sind das die wenigen Minuten, in denen wirklich Weihnacht für mich ist. Selbst beim Schreiben darüber, treten mir die Tränen in die Augen. Was für ein schönes Weihnachtswunder, dass ich auch in diesem Jahr die Hand meiner Oma halten kann.

Weihnachtswunder, meine Lieben, liegen nicht im Großen, das sind nicht die teuren Geschenke…

Weihnachtswunder sind oft nicht für jeden als solche ersichtlich, für manch anderen aber besonders wertvoll und einzigartig.

Weihnachtswunder passieren ständig, überall um uns herum. Wir verlieren nur manchmal aus den Augen, dass Wunder vor allem im Kleinen passieren.

Ich wünsche Euch von Herzen mindestens eines dieser wundervollen kleinen Weihnachtswunder und dass Ihr es im ganzen Vorweihnachtsstress nicht übersehet, wenn Euch eines passiert!

Wann habt Ihr eigentlich das letzte Mal jemandem sein ganz eigenes, kleines Weihnachtswunder beschert?

Denkt daran: Weihnachtswunder passieren im Kleinen!

Im Dezember 2015

Ein Leben ohne Bücher...

Ein Leben ohne Bücher kann ich mir nicht vorstellen. Seit ich mich erinnern kann habe ich sie geliebt.

All die tollen Cover, die verschiedenen Bindungen, das Papier auf das sie gedruckt sind, der Geruch eines "jungfräulichen" Buches, wie sich die Seiten anfühlen, wenn ich sie das erste Mal aufblättere und dieses unglaubliche Hochgefühl zu wissen, dass sie jetzt mir gehören, wenn ich sie aus dem Laden mit nach Hause nehme...

Das hört sich verrückt an? Ist es wohl auch, aber Bücher sind und waren schon immer meine große Leidenschaft!

Wenn ich nicht mindestens 20 ungelesene Zuhause habe, werde ich nervös! Ja, ich gestehe: ich bin süchtig!

Selbst zu schreiben hat dem ganzen nochmal die Krone aufgesetzt – ich kann nach wie vor nicht fassen, dass ich 3 (!!!) – oder jetzt sogar hiermit 4 – Bücher veröffentlicht habe und das Gefühl, wenn die erste Lieferung des eigenen Buches nach Hause kommt, WOW!!!, das ist unbeschreiblich!

Eigentlich wollte ich jetzt fragen, wann DU das letzte Mal ein gutes Buch gelesen hast?! Aber Du hältst ja gerade eines in der Hand, nicht?
;-)

Ach, übrigens...

Wie kann sich etwas, dass so falsch zu sein scheint,
so gut anfühlen?
Wir machen uns schuldig,
weil wir alles verraten was wir sind und doch…...
wir können es nicht sein lassen.
Wir sind nicht leichtfertig,
wir sind uns bewusst über das was geschieht,
wollen nicht betrügen – wen oder was auch immer.
Doch immer wieder – viel zu oft –
siegt unser Gefühl über unser Wissen.
Ob wir eine Chance haben? Unwahrscheinlich…
Dennoch können wir nicht aufhören mit dem
was gar nicht erst hätte beginnen dürfen.
Wir zerbrechen uns den Kopf, suchen Lösungen,
die sich nicht finden lassen
und nachts können wir nicht schlafen,
weil wir uns und unsere Gefühle verkaufen –
an eine Wahrheit, der wir nicht ins Auge blicken wollen.
Alles spricht gegen uns und noch mehr dafür –
wie kann man eine Liebe erklären, die nicht sein darf?
Wir wissen, dass es wehtun wird und laufen mit offenen Augen und
klarem Verstand dem Schmerz entgegen.
Immer wieder stoppt uns unsere Vernunft, nur um dem dann
orkanartig zurückkommenden Gefühl neuen Raum zu bieten.
Ein tiefer Blick in unsere Augen und alles andere setzt aus, hält die
Welt an – für einen Moment, der nur uns gehört.
„Wir müssen eine Lösung finden" beten wir wie ein Mantra vor uns
her, ohne die leiseste Ahnung wie sie aussehen soll,
die so viel beschriene und herbeigesehnte Lösung.
Unsere Köpfe leer diskutiert, unsere Herzen zu voll,
um einfach einen Schlussstrich zu ziehen.
Was uns so vermeintlich einfach erscheint, es jetzt und hier zu
beenden, halten wir nie länger als ein paar Stunden durch.
Also liegen wir weiter wach,
sehnen uns in den Arm des anderen und hoffen…
Hoffen, dass sich manche Dinge von selbst regeln
oder uns jemand gnädig ist und den Weg weist.
Den Weg hinaus oder hinein…
aus oder in eine große Liebe,
die so unwahrscheinlich ist.
Oh! By the way…
Ich liebe Dich!

Am Flughafen auf Schiffe warten...

Kennen wir sie nicht alle – diese unerfüllten Lieben? Wenn wir gar fürchterlich verliebt sind, unsere Liebe aber nicht erwidert wird oder wir in einer Beziehung stecken, die einfach stagniert, aus welchen Gründen auch immer nicht funktionieren möchte? Und ist es nicht so, dass wir ständig auf der Suche nach der Liebe sind und uns dann genau in die eine Person verlieben, mit der wir nie gerechnet hätten und das auch noch zu einem völlig unpassenden Zeitpunkt? Du triffst 1000e Menschen und keiner berührt Dich wirklich und plötzlich triffst Du den einen bestimmten und Dein Leben ändert sich für immer...

Manchmal macht uns die Liebe so Angst, dass wir am liebsten schreiend davon laufen würden, aber wenn wir jemanden finden, der uns zum Lachen und Lächeln bringt, bei dem wir uns sicher fühlen, dann sollten wir nicht versuchen zu flüchten, nur weil uns unsere Gefühle Angst machen.

Und dann gibt es die Fälle, in denen jemanden total verrückt nach und heillos verliebt in uns ist, aber einfach nicht bereit dazu diese Liebe auch zu leben. Wir fühlen uns von ihm auf eine Art geliebt wie uns nie zuvor jemand geliebt hat und sind fest davon überzeugt, dass es auch nie wieder jemand so tun wird und vor allem wir nie wieder so lieben werden. Dennoch kann oder will der andere nicht in einer Beziehung mit uns leben. Was auch immer der Grund dafür sein mag, die Erfahrung hat mich gelehrt, wenn dem so ist, dann gibt es nur einen Weg: Wir müssen gehen! Und zwar so schnell wir können! Schnürt Eure Laufschuhe und rennt! Denn wir werden niemals jemanden dazu bewegen können bei uns zu sein und uns zu lieben, wenn er es nicht von sich aus möchte und auch alles dafür tut. Wir können niemanden davon überzeugen an sich zu arbeiten, damit er bereit ist Liebe auch zu leben!

Und ich bin überzeugt davon, dass uns eine größere, außergewöhnlichere Liebe erwartet irgendwo da draußen in diesem Universum – größer als das was nicht gelebt wird. Und vor allem wird jemanden kommen, der wirklich bereit für uns ist.

Die Liebe geht einfach recht eigenwillige Wege manchmal...

Aber natürlich muss man erstmal über diese verpasste Chance hinweg kommen und es gibt leider so gar keine Abkürzung auf dem Weg jemanden zu vergessen oder besser gesagt ihn zu „verarbeiten". Man muss schlichtweg – so schwer es auch sein mag – jeden Tag ertragen diesen Menschen zu vermissen, bis man eines Morgens aufwacht und feststellt, dass es vorbei ist, dass man eben nicht mehr vermisst und darüber hinweg ist.

Ich frage mich, ob man, wenn man älter wird, damit aufhört, andere so heftig zu vermissen. Vielleicht heißt reifer werden ja, dass man sich auf das besinnt was man hat anstatt auf das was man nicht hat?

Was man denn schon noch hat, wenn man einen geliebten Menschen loslassen muss, fragt Ihr mich jetzt?

Wir haben noch unseren Stolz... denn jemanden zu lieben, der uns nicht zurück liebt, das ist wie auf ein Schiff warten am Flughafen - ein sinnloses Unterfangen.

Und ich weiß, dass wir immer dazu gewillt sind, zu warten und zu hoffen. Aber der einzige Nachteil darin ein gutes, liebendes Herz zu haben ist, dass wir darauf hoffen, dass selbst im Teufel irgendwo ein Engelchen stecken könnte... und dann wundern wir uns, dass unser Herz bricht und warum wir, mit den guten Herzen, so vertraut mit dem Schmerz sind?!

Ein gebrochenes Herz ist wie eine gebrochene Rippe – von außen sieht es nicht so aus, als ob etwas nicht stimmt, aber jeder Atemzug schmerzt und Herzen brechen lautlos.

Der Vorteil jedoch ist: ein jeder Bruch verheilt mit der Zeit – auch der im Herzen.

Atmet auf, seid mutig und hört damit auf am Flughafen auf Schiffe zu warten!

Der kleine, feine Unterschied

Es geht nicht darum, ob Du mich liebst.
Es geht darum, wie Du mich liebst.
Du kennst den Unterschied zwischen dem
was ich sage und was ich eigentlich meine.
Du bringst mich nicht einfach nur zum Lachen –
meistens dann, wenn ich es dringend brauche –
nein, Du willst rausfinden und verstehen,
wann und warum ich lache oder lächeln muss.
Das macht den Unterschied,
verstehst Du?
Viele haben mir gesagt, wer ich für sie bin,
aber Du lässt es mich fühlen.
Mit Komplimenten kann man mich durchaus einfangen,
aber Du meinst was Du sagst,
das lässt mich bleiben und das verleiht mir Flügel.
Mein Gott, ich wollte noch nie Schmeicheleien,
Du sprichst eine Sprache,
die mein Herz versteht und glaubt.
Denn wenn Du etwas sagst,
dann meinst Du es auch so.
Deine Wahrheit lässt mich Dir alles geben.
Du weißt, dass ein „Ich liebe Dich" nichts bedeutet,
bis Du die komplette vernarbte Vergangenheit meiner
„Gesterns" kennst
und kannst es trotzdem nicht erwarten mir ein „Morgen" zu schenken.
Dich machen all die kleinen Details anziehend…
Deine Augen, mit dem tiefen Blick, in dem ich versinken möchte.
Dein Lächeln, schelmisch, lausbubenhaft, wissend.
Deine Selbstlosigkeit, mit der Du so großzügig umgehst.
Dein Lachen, das ich viel zu selten höre
und das die Welt für einen Moment anhält.
Deine Sorge um mich, die mich trägt, beschützt und aufatmen lässt.
Manchmal will ich einfach nur neben Dir sitzen und Dir beim Reden
zu hören – ganz egal über was, denn was Du sagst macht immer Sinn.
Ich liebe es, wie Du die Stirn runzelst, wenn Du Dich konzentrierst,
wie Du lächelst, wenn wir diskutieren
und wie Du mir Deine Welt erklärst.
Ich will einfach nur neben Dir sitzen, weil ich Dein Sein so mag,
weil jede Sekunde neben Dir Lebensqualität ist.
Und wenn wir uns streiten, die Fetzen fliegen, wir uns so viel zu sagen
haben, dann ist selbst das eine Bereicherung, die uns wachsen lässt.
Ich mag was Du mir zu sagen hast und wie Du es sagst –

und ich liebe es mit Dir zu schweigen.
Du bringst mich zum Lachen,
lässt mich wachsen und lernen,
weckst eine neue Lust auf Leben in mir – ein Leben mit Dir.
Ich will Dich, begehre Dich, fühle Dich –
in jeder Deiner Bewegungen, Gesten, in jedem Lächeln.
Du machst mich wahnsinnig und wahnsinnig glücklich zugleich.
Wir machen es uns wahrlich nicht einfach,
aber seit es Dich gibt,
ist mein Leben von einer seltsamen Magie berührt –
und das macht es lebenswert.
Komm noch ein bisschen auf mich zu,
sanft wie ein Flüstern und bleib…
Wir haben nur ein Leben – lass es uns leben!

***

Du hast in all meinen „Zu's"
einen ganz eigenen
Zauber für Dich entdeckt

***

Als ich gefragt wurde,
was Heimat für mich ist,
hätte ich fast Deinen Namen gesagt,
bis mir einfiel,
dass wohl von mir erwartet wird,
dass ich irgendeinen verdammten
Ort auf dieser Welt nenne!

So fremd und doch so vertraut

Meine liebe (unbekannte) Freundin,

ich weiß, dass Du das hier liest, denn unter irgendeinen meiner Facebook-Posts hast Du mir mal geschrieben, dass Dir meine Worte so viel zurück geben, Du Dich in ihnen wiederfindest und Du jeden Tag mit mir lachst, weinst oder wütend bist.

Du (oder war es jemand anders?) schriebst mir auch, dass ich Dein „grau" bin. Auf meine Frage, was Du damit meinst, antwortest Du mir, dass Du ganz oft nur schwarz oder weiß siehst und Dir meine Worte oft all die Grautöne dazwischen zeigen. Und manchmal, hast Du gesagt, manchmal sei ich sogar Dein „bunt".

Ich war unheimlich gerührt, denn eigentlich reihe ich ja nur Tag für Tag Buchstaben zu Worten und diese dann zu Sätzen aneinander. Anscheinend gelingt mir das aber in einer Weise, dass Du Dich wiederentdeckst in ihnen, mitfühlen kannst, angesprochen bist, verstehst und das, obwohl wir uns doch gar nicht kennen, oder? Oder vielleicht kennen wir uns irgendwie ja doch ziemlich gut?!

Das Schreiben ist Therapie für mich, Seelenbalsam. Zu wissen, dass es da draußen aber nur einen einzigen Menschen – DICH – erreicht, das ist Grund für alles.

Vielleicht ist dieses „DICH" heute ein „DU", vielleicht ist es an manchen Tagen aber auch ein „WIR" oder „IHR" – wie auch immer – meine Gedanken laufen nicht ins Leere und dafür danke ich Dir – das ist mir jeden Tag Ansporn, um wieder Buchstaben aneinanderzureihen und sie zu teilen.

Deswegen erreicht Dich heute mein Brief – ganz egal, ob wir uns persönlich kennen oder nicht. Wenn Dich meine Worte erreichen, Du sie nachempfinden kannst, dann weiß ich, dass Du genau verstehst, was und warum ich Dir jetzt schreibe…

Versprich mir, dass Du Du selbst bleibst! Versuche nicht jemand anderes zu sein, angepasst, nur damit Du die Aufmerksamkeit und Wertschätzung von Menschen bekommst, die Dich nicht mehr lieben sobald Du mal „unbequem" bist. Lass Dich nicht verbiegen und verbiege Dich nicht – ja, gehe Kompromisse ein, aber sei wer Du bist und sein möchtest und nicht die, zu der Dich andere machen oder die Du glaubst sein zu müssen.

Lass andere über Dich urteilen, Dich missverstehen und über Dich reden, nur lass es Dir an Deinem Prachthintern vorbei gehen. Es zählt nur, dass Du Dir selbst treu bleibst, offen für Neues, der Liebe verpflichtet und völlig authentisch. Bleib nicht stehen, entdecke Dich und die Welt täglich neu und lerne... am Leben, an Menschen, an Beziehungen. Lerne, falle und mache es beim nächsten Mal besser, nur bleib nicht stehen! Ganz egal was andere sagen oder tun, wage es nicht an Dir selbst, Deinem Wert, Deiner Schönheit oder Deiner Wahrheit zu zweifeln und höre nicht auf zu träumen! Lass nicht zu, dass jemand Deine Ziele belächelt oder Dich klein hält. Lebe!

Weißt Du, was ich wirklich anziehend an Menschen finde? Wenn sie nicht damit aufhören sie selbst zu sein und auf der anderen Seite dennoch Wesensarten oder Gewohnheiten ändern, mit denen sie selbst nicht zufrieden sind. Das beweist, dass sie nicht aufhören an sich zu wachsen. Blöde Angewohnheiten ablegen ist die größte Herausforderung, der man sich stellen kann und das ist bewundernswert und verdient meinen höchsten Respekt!

Man selbst zu sein und sich gleichzeitig mutig verändern, das ist wahre Stärke!

Und wenn Du das Gefühl hast, keiner liebt Dich, dann fang doch einfach erstmal damit an Dich zu lieben – finde heraus wer Du wirklich bist, wenn keiner Dir sagt wer Du zu sein hast und genau dieser Mensch, den Du dann tief in Dir findest, den solltest Du wertschätzen. Wer, wenn nicht Du?

Sich anzunehmen – das erfordert so viel Kraft, Tapferkeit und Courage... und da sagen alle, es gäbe keine Abenteuer mehr?!

Alles was uns andere immer über uns gesagt haben ist in uns eingebrannt, rebelliere dagegen! Dich selbst wieder wertzuschätzen, das ist eine Revolution, die Dein Leben verändern wird!

Hör bitte nicht auf an Wunder zu glauben, verliere nie die Hoffnung. Du darfst sie ab und an aus den Augen verlieren, aber gib sie nicht auf! Und wenn Du Trost suchst, dann findest Du ihn vielleicht ab und an in meinen Worten... einer Anreihung von Buchstaben... mit dem Wissen, dass es da draußen zumindest eine(n) gibt, dem es genauso geht wie Dir!

Sei ein Vollblutweib – davon gibt es nämlich viel zu wenige auf dieser Welt! Ich habe die Nase voll von Prinzessinnen! Die Zeit der Prachtweiber und Räubertöchter ist gekommen! Lass sie uns zu unserer machen!

Wann hast Du Dir das letzte Mal etwas Gutes getan? Gönn Dir was! Es gibt ein paar Dinge im Leben, die man so wundervoll allein genießen kann und die Futter für Körper und Geist sind. Im Meer schwimmen, wenn es regnet zum Beispiel oder allein mit einer Tasse Kaffee die vorbeihetzenden Menschen beobachten, während Du Dir bewusst mal 10 Minuten für Dich nimmst, ein neues Kleid kaufen – grundlos – ohne eine Idee, wo und ob Du das je tragen wirst, einfach nur, weil Du Dich wohl darin fühlst, endlich mal wieder weiblich und sexy, laut im Auto Dein Lieblingslied mitsingen…

LOS! Warum liest Du denn immer noch? Geh raus und hab Spaß! Im besten Fall sogar wilden *;-)*

Fang jetzt damit an, liebe (unbekannte) Freundin… JETZT! SOFORT!!!

Weißt Du was? Schön, dass Du hier bist! Schön, dass Du meiner Buchstaben nicht müde wirst und schön, dass wir auf irgendeine Art und Weise Freundinnen sind – völlig unabhängig davon, ob wir uns persönlich kennen oder nicht.

Du bist nicht allein…

Und jetzt: RAUS INS LEBEN MIT DIR!!!

Von Herzen,

Deine Frau R.

Von neuen Wegen...
(Jahreswechsel 2015 / 2016)

Manchmal ziehe ich mich einfach zurück und rede über Tage mit niemanden. Das ist nichts persönliches. Wer mich kennt, weiß das – nicht immer wird es respektiert, wenn ich mal wieder Zeit brauche, um meine eigenen Gedanken zu hören, aber gute Freunde wissen, dass ich diese Auszeiten von mir selbst und für mich selbst brauche. Ich liebe es mich in diesen Zeiten nur um mich und den Hund kümmern zu müssen, mir beim Spazierengehen den Wind um die Ohren wehen zu lassen und raus zu finden, was mir mein Bauch zu sagen hat, den ich im Alltagstrubel gerne mal überhöre.

So eine Phase hatte ich... naja... vielleicht hat mich die ganze Weihnachts- und Silvestersache auch ein wenig sentimental gemacht – definitiv habe ich die letzten Tage genutzt, um in Erinnerungen zu schwelgen und mich vor allem noch einmal bewusst mit Vergangenem zu beschäftigen, in mich rein zu spüren, ob es denn wirklich „gut" ist oder wie es mir damit geht.

Manchmal braucht es wohl einen kleinen Ausflug in die Vergangenheit, damit man wieder zu schätzen weiß, wo man heute steht und wer man heute ist.

Wie meine „Jule" in „Mit rasierten Beinen spricht sich's besser!" (ISBN 978-3-7347-2810-5) habe ich die Männer resümiert, die in den letzten Jahren in mein Leben kamen und wieder gingen (oder eher gegangen wurden). Dabei stellte ich fest, dass ich keinen von ihnen vermisse oder wieder in meinem Leben haben wollte – nicht, weil ich verletzt oder enttäuscht bin, sondern weil sie mich und meine Art des Seins nicht verstanden oder zumindest respektiert haben. Strohfeuer... mehr waren sie nicht! Strohfeuer, die aber unheimlich viel an Energie gekostet haben wie ich heute weiß.

Gut, dass man einem Strohfeuer nicht hinterher heult scheint verständlich, also setzte ich da an, wo ich meinte, dass es mehr als nur das war – ein ganzer Flächenbrand vielleicht? Ich gestehe, ich habe gestalkt *;-)*

Es gibt ja bislang zwei Meilensteine in meinem Leben – Männer, die wirklich Eindruck hinterließen. Aber bislang gab es für mich nur den EINEN, der mir wie „Jule" in „Wenn ein Fremder Schneewittchen wach küsst..." (ISBN 978-3-7357-5065-5) als ganz große Liebe erschien. Also habe ich mal auf seiner FB-Seite geguckt, was er so macht. Ihm scheint es gut zu gehen, was mich unheimlich freut für ihn – wirklich – aber ihn zu sehen hat weder einen Flächenbrand, noch ein Strohfeuer, noch nicht mal eine Wunderkerze in mir entbrannt. Nichts... da ist nichts als die Erinnerung an ein „früher", das mich geprägt und verändert hat (im positivsten Sinn), aber auch verletzte und enttäuschte. Unterm Strich ist da nichts als die Erinnerung an eine gemeinsame Zeit – völlig wertfrei. Dieses „nichts" fühlt sich unheimlich befreit und gelöst an.

Mein Gott, was habe ich um und wegen dieses Mannes geheult und ich bin froh, dass ich Freunde an meiner Seite hatte, die es zwar nicht verstanden haben, aber trotzdem da waren. Ich rechne ihnen hoch an, dass sie nie sagten: „Es wird alles wieder gut!". Sie sagten: „Es wird die Hölle werden." und dann haben sie Pizza bestellt, mir die Kleenexbox gereicht, einen Jacky-Cola gemischt und mir gezeigt, dass es wirklich die Hölle ist, etwas loszulassen, was man liebt, aber dass ich durch diese Hölle nicht allein gehen musste.

Ich habe diesen kleinen Ausflug in die Vergangenheit noch einmal gebraucht, um mir für mich ganz sicher zu sein, dass ich drüber weg bin. Nicht nur im Offensichtlichen, dem, was mir der Kopf so sagt, sondern vor allem im tiefsten Inneren. Ich durfte feststellen: weder Herz noch Seele rufen noch nach ihm – herrlich!

Weil ich nicht mehr vergleiche oder hinterher trauere, kann jetzt auch jemand neues Platz in meinem Leben finden, nur aus einem Grund: es ist Platz in Herz und Seele für jemanden, der sich da wohlfühlen mag. Selbst ganz tief unten hält da niemand mehr einen Platz besetzt, sondern wurde verbannt - ich bin offen und frei!

Und genau das ist der Punkt: solange wir die Vergangenheit noch nicht bewältigt haben, nicht bereit sind loszulassen und weiter zu gehen, sind wir unfair jedem gegenüber, den wir in unser Leben holen! Solange wir vergleichen, hat kein anderer eine Chance unser Herz im Sturm zu erobern (oder auf dem langsamen Weg) ;-)

In mir lodert ein Feuer – ich brenne – vor Kreativität, Leidenschaft, Emotionen. Die Strohfeuer an meiner Seite haben versucht dieses Feuer zu löschen. Warum? Vielleicht weil es schwer ist neben jemanden, der lichterloh brennt selbst noch zu scheinen, weil es Stärke braucht, um mit einer „starken" Frau, die weiß was sie will und was sie nicht will, auf Augenhöhe zu sein. Ein Feuer zu löschen ist viel einfacher, als mit ihm zu brennen. Es braucht einen starken Mann, der es liebt dieses Feuer immer wieder anzufächeln, es am Brennen zu halten, zum Lodern zu bringen. Es braucht jemanden, der selbst brennt für das Leben, die Liebe, dessen Feuer nicht in Konkurrenz treten muss, weil es für sich alleine brennen kann und der erkennt, dass unsere Feuer zusammen einen Großbrand auslösen werden.

Da braucht es dann keine 4-seitigen mit Hand geschriebenen Liebesbriefe, die nichts von dem halten, was sie versprechen, bei manchen Männern genügt ein Whatsapp-Satz, der genau so gemeint ist und alles sagt. Tja... Flächenbrände können auch im Kleinen stattfinden.

Alles was ich will, ist mein Leben so zu leben, dass ich mich nicht verbiegen muss und mit mir selbst im Reinen bin. Wenn dann noch jemand kommt, mit dem „für immer" viel zu kurz erscheint, der auch die staubigsten Ecken und Kanten von mir vielleicht nicht versteht, aber akzeptiert, dann freue ich mich darauf, wenn er mein Leben mit mir teilt, ein Teil davon wird und ich ein Teil von seinem.

Und wenn ich mir mal wieder an meinem eigenen Feuer die Finger zu verbrennen drohe, wünsche ich mir jemanden, der mich in seinen Armen auffängt, Haut an Haut zum Löschkommando wird, der seine Finger in meinen verschränkt, damit ich mir meine eben nicht verbrenne und der mich zum Sound seines Herzschlages zur Ruhe kommen lässt, der all meine Wogen glättet und meine Wellen ruhig ans Ufer legt... oder eben meine Feuer löscht, wenn sie außer Kontrolle geraten.

Mit nichts weniger will ich mich zufrieden geben!

Und genau deswegen brauche ich Auszeiten und Ausflüge in die Vergangenheit – um mir bewusst zu werden, was ich will und brauche und dankbar für das zu sein, was vergangen ist und mit Vorfreude dem entgegenzusehen, was da so kommen mag!

Oh...! Ihr findet, die Frau R. ist aber ganz schön anspruchsvoll?! Tja... was soll ich sagen? Mit Recht!!! Mit jedem Recht dieser Welt bin ich anspruchsvoll! Hat was mit Selbstwert zu tun, hat mir mal jemand gesagt... Vielleicht verwechseln wir „anspruchsvoll sein" nur zu oft mit „es uns wert sein"?

Meine Vorsätze für 2016? LEBEN und LIEBEN!

Mit nichts weniger will ich mich zufrieden geben – weil ich es mir wert bin!

Denn es ist vollkommen ok mehr zu wollen als etwas, das nur „in Ordnung" ist!

Also... seid es Euch wert! Versucht zumindest damit anzufangen!

Ich bin wieder da *;-)*

Ein Hoch auf den Mann!

Liebe Männer,

ich weiß, wir Frauen, wir werden für Euch ein ewiges Mysterium bleiben. Und glaubt mir, ich kann das gut verstehen, denn manchmal sind Frauen auch für mich ein Buch mit sieben Siegeln und tatsächlich gibt es sogar Zeiten, da verstehe ich noch nicht mal mich selbst – ich kann also nachvollziehen, warum Ihr es mit uns nicht leicht habt.

Immer wieder werde ich gefragt: „Was wollt Ihr Frauen denn eigentlich?" – natürlich kann ich diese Frage nicht pauschal beantworten – „wir Frauen" das ist ein ganz schön weites Feld, aber ich kann vielleicht ein wenig Licht ins Dunkel bringen…

Als erstes kann ich Euch sagen, dass eine Frau, die sich Euch öffnet, die beschließt ihre Liebe zu Euch zuzulassen, obwohl ihr Herz bereits gebrochen wurde oder ist, die mutigste Person ist, der ihr begegnen könnt. Deswegen geht vorsichtig mit ihr und ihren Gefühlen um – dazu zählt vor allem eines: bedingungslose Ehrlichkeit (wenn auch bitte notfalls mit einem roten Schleifchen drum rum, damit es besser zu verkraften ist, falls ihr ihre Gefühle nicht erwidert). Mir ist jedoch bewusst, dass vor allem Ihr Jungs, ein großes Problem mit dem Ding „Liebe" habt – sobald Euch mal eine das Herz gebrochen hat, rennt Ihr schreiend davon (im übertragenen Sinn) falls die Gefühle doch wieder anklopfen… ganz schön kindisch, oder?

Doch Ehrlichkeit schafft den höchsten Grad an Intimität – auch, wenn es nicht immer leicht ist. Deswegen stehen gute Gespräche hoch im Kurs… aber nicht nur reden, sondern besonders etwas zu sagen haben, das macht eine gute Kommunikation aus. Wir wollen all die Worte, die Ihr scheinbar vergessen habt, all das, was in den tiefsten Tiefen Eures Herzens steckt. Und manchmal sagt Ihr nur eine Kleinigkeit, aber es ist genau diese Winzigkeit, die bei uns eine Lücke füllt. Traut Euch!

Allerdings weiß auch ich, dass manche Frauen die Wahrheit nicht hören wollen, versuchen zwischen die Zeilen etwas hineinzuinterpretieren, was nicht da ist und krampfhaft die Augen vor der Realität geschlossen halten. Deswegen: seid bedingungslos ehrlich, aber versucht dabei nicht verletzend zu sein.

Ihr könnt nicht immer ein Held, aber ihr könnt immer ein Gentleman sein!

Und falls Ihr auch Gefühle für sie habt... ängstigt Ihr Euch einerseits zu Tode davor, andererseits kommt da aber genau die eine, die Eure Wellen ruhig ans Ufer legt... vielleicht ist genau das Liebe? Ein totaler Widerspruch, der sich irgendwie die Waage hält?

Glaubt mir, nicht nur Euch geht das so – auch uns ängstigt die Liebe, obwohl es nichts schöneres auf der Welt gibt, aufgrund alter Verletzungen und schlechter Erfahrungen, mehr als uns lieb ist. Deswegen: seid mutig! Vielleicht hat Euch irgendwer mal diese alte Mähr erzählt, dass Männer keine Gefühle zeigen dürfen, aber ein wahrer Mann steht zu seinen Emotionen. Das heißt jetzt nicht, dass wir Euch regelmäßig die Kleenexbox reichen möchten, aber ein Mann, der ehrlich und authentisch ist – auch, wenn ihm mal zum Heulen ist – vor dem haben wir jeden Respekt dieser Welt!

Schließlich scheint in keiner Beziehung immer nur die Sonne, aber man kann sich einen Regenschirm teilen und gemeinsam warten, bis das Unwetter vorüber zieht. Und solltet Ihr Euch wirklich mal wie ein Arsch verhalten haben, tut es nicht weh, sich dafür auch zu entschuldigen. Wobei es natürlich immer nicht schadet gar nicht erst etwas zu tun, wofür man sich entschuldigen müsste. Aber falls doch: die beste Entschuldigung ist das Verhalten zu ändern. Denn einen Fehler kann man verzeihen. Aber nicht, wenn er das zweite oder dritte Mal begangen wird. Wahrt Grenzen! Denn irgendwann kommt jedes „Verzeih mir" zu spät – nicht, weil sie Euch nicht mehr liebt, sondern weil Ihr ihr das Gefühl gebt, dass sie Euch egal ist...

Eines ist wirklich wichtig: wenn Ihr eine Frau wirklich liebt, werdet Ihr sie nie an ihrem eigenen Wachstum hindern, sondern ihr im Gegenteil Flügel verleihen. Wenn Ihr liebt, dann kann die einzig richtige Aussage „Ich sehe, wer Du heute bist und ich kann nicht abwarten rauszufinden, wer Du morgen sein wirst." sein.

Wisst Ihr, es ist ein großer Unterschied jemandem zu sagen, dass man ihn liebt und es ihm auf der anderen Seite auch zu zeigen.

Ich weiß, dass Ihr Euch mit diesen berühmten drei kleinen Worten so schwer tut (warum eigentlich?), aber zeigt es Ihr doch einfach...

Wenn nicht alles so kompliziert wäre, könnte es ganz einfach sein, oder?

Dann kamst Du

Lieber Mr. X,

wir haben lange nichts mehr voneinander gehört, die Telefone blieben stumm. Es ist unser ständiges Auf und Ab was mich zermürbt und langsam müde macht. Nein, das stimmt nicht... es ist gar kein Auf und Ab... es ist das „auf derselben Stelle" treten was mich weich kocht, mich zweifeln lässt und jede Hoffnung auf eine Zukunft mit Dir nimmt.

Weißt Du, früher, früher habe ich mich schnell und ohne nachzudenken verliebt. Vielleicht, weil ich einsam war und nicht allein sein konnte. Ich glaube, der Grund war hauptsächlich der, dass die Welt so verdammt traurig ist, wenn man nicht verliebt ist.

Aber ich habe auf die harte Weise gelernt, dass es nicht darauf ankommt jemanden an seiner Seite zu haben, sondern wen man an seiner Seite hat. Und ich stellte fest, dass „allein sein" nicht immer bedeutet einsam zu sein. Ich stellte fest, dass ich lieber mit mir alleine bin als mit jemand anderem einsam. Das hat mich umdenken lassen und ich schwor mir:

„Wenn ich mich wieder verliebe, dann in jemanden, der meine Lieblingsfarbe wissen möchte und der weiß, wie ich meinen Kaffee trinke. In jemanden, der mein Lachen liebt und alles dafür tut, um es zu hören. Der nächste, in den ich mich verliebe, soll seine Hand auf meine Brust legen – aus nur einem Grund – um mein Herz schlagen zu hören. Wenn ich mich wieder verliebe, dann in jemanden, der keine Scheu davor hat mich in der Öffentlichkeit zu küssen und der stolz jedem zeigt, dass ich die Frau an seiner Seite bin. Ich will mich in jemanden verlieben, der mich fragt, warum ich so eine Angst davor habe mich zu verlieben und der diese mit mir besiegt. Ich werde mich nur in jemanden verlieben, der mich nicht verletzt und der sich in meine dunklen Seiten ebenso verliebt wie in die hellen. Wenn ich mich wieder verliebe, dann in jemanden, der mich so liebt wie ich bin, für den ich die einzige bin und der es liebt morgens neben mir aufzuwachen. Wenn ich mich wieder verliebe, dann mit allem was ich habe und bin – ohne Kompromisse."

Ich beschloss, dass ich niemanden brauche, der mein Leben vervollständigt, weil es gut ist wie es ist und blieb allein.

Dann kamst Du...

Du hast die alten, vernarbten Wunden geküsst, ohne Dich von meinem inneren Chaos aufhalten zu lassen und um ehrlich zu sein, hast Du Gefühle hervorgeholt, die nicht nur verschüttet waren, sondern die ich so gar nicht kannte. Ich habe mich verliebt in Dich... auf eine neue, trotz all unserer Leidenschaft, ganz ruhige, unaufgeregte Art und Weise. Das, mein lieber Mr. X., hat tatsächlich all meine Wellen ruhig ans Ufer gelegt.

Mit Dir sind die einfachsten Unternehmungen besonders weil Du es bist... verstehst Du das?

Und manchmal, wenn mir bewusst wird, wie glücklich ich mit Dir bin, nimmt es mir schlicht den Atem, weil Du derjenige bist bei dem ich mich das erste Mal wirklich sicher fühle. Bei Dir bin ich angekommen. Du wärmst meine Seele und das macht mich gleichzeitig unendlich zufrieden und andererseits lässt es mich vor Angst erstarren. Aber meine Angst lässt mich nicht wie sonst die Mauern noch höher ziehen, ich habe mich Dir geöffnet, mich verletzbar gemacht... und ich habe mich nicht nur verliebt in Dich...

Vielleicht ist das der Grund, warum ich noch da bin. Weil es so besonders war und immer noch ist, das was da zwischen uns ist.

Aber es tut weh zu sehen, dass wir auf der Stelle stehen bleiben, manchmal sogar Schritte rückwärtsgehen. Doch ich warte – mehr oder weniger geduldig, wenn wir mal wieder nicht vorankommen, dass es wieder so wird wie es war und manchmal wird es sogar noch besser, viel besser sogar. Wie könnte ich da einfach gehen?

Wir weigern uns wohl beide zu sehen, was das zwischen uns ist – der eine auf die eine, der andere auf die andere Weise – und Du siehst nicht und ich manchmal nicht mehr, was es sein könnte, das da zwischen uns.

Weißt Du, was mir Angst macht? Dass es so wie es ist (auch, wenn es grandios ist) für immer bleiben wird.

Aber wenn Du Dir eine Zukunft ohne mich vorstellen kannst, ohne dass es Dir das Herz bricht, dann ist das zwischen uns nicht das, was ich denke, dass es ist.

Verstehst Du das?

In Liebe,

Deine XY

Von Märchenerzählern oder Wir schreiben unsere Geschichte selbst

Hey Mädels,

(die Jungs dürfen aber auch gerne weiterlesen!)

wer von uns kennt sie nicht, diese wundervollen Lügner, denen man jedes Wort glaubt, die herrlichen Erzähler von Lügengeschichten, die, die uns das Blaue vom Himmel herunterversprechen?

Oh ja, natürlich haben wir sie geliebt! Jeden Einzelnen von ihnen – und manche schwirren uns beharrlich weiterhin im Kopf herum, obwohl wir es doch besser wissen müssten.

Auch ich klatsche immer noch innerlich Beifall für so manche Show, die man mir geliefert hat und die ich mit großen, naiven Augen verfolgte wie ein kleines Kind – gutgläubig und mit kleinen, rosa Herzchen in den Augen. Und manchmal, manchmal klatsche ich mir dann auch selbst mal die Hand an die Stirn ob meiner eigenen Naivität.

Früher oder später durchschaut man das gelieferte Schauspiel – bei manchem eher, bei manchem dauert es etwas. Ich habe geliebt... aber ob ich nur einen von ihnen vermisse? So im Nachgang? Nein! Nein! Wie könnte ich nur einen von ihnen vermissen, wo sie doch wahrlich nur eine „Rolle" in meinem Leben gespielt haben und ich noch nicht mal in der ersten Reihe saß, sondern eher so ein mittelmäßiger Platz im Abseits für mich reserviert war?

Neee, neee... ich habe gelitten und geweint, aber irgendwie kommt man ja über alles hinweg. Irgendwann hört man so manche Geschichte, lehnt sich lächelnd zurück, stopft sich (imaginär) etwas Popcorn in den Mund, schaut den (falschen) Film, der da gerade läuft und denkt sich innerlich nur so „Ja, ja..." dabei. Man wird gut darin zwischen den Zeilen zu lesen und man erkennt immer schneller, wann die Zeit für den Abspann gekommen ist.

Aber Mädels, hört trotzdem nicht auf an Märchen, Wunder oder Happy Ends zu glauben!!! Irgendwann haben wir genug vom verwöhnten Prinzen und bekommen unseren Räuber, Piraten und Drachenzähmer!

Denn Ihr dürft nicht vergessen: wir schreiben unsere Geschichten selbst! Nur wir sind die Autoren unseres (Liebes-)Lebens!

Egal was auch war: Kopf hoch, Krönchen richten und weitergehen!

Leider vergessen wir zu oft, dass wir die Königinnen in unserem eigenen Reich sind und nur wir bestimmen, wie und von wem es regiert wird!

Lasst uns wieder Königinnen sein und unser eigenes Reich auf keinen Fall vom Hofnarren regieren!

LOS! Krönchen polieren und Diva sein!

***

*Zum Schluss hatte ich nur noch das Gefühl
im falschen Film zu sein...
und für dieses endlose Drama
hatte ich sicherlich keine Eintrittskarte gelöst!*

***

*Manchmal ist das größte Geschenk,
dass Du Dir selbst
und einem anderen Menschen machen kann,
loszulassen,
ihn gehen zu lassen.
Gerade weil Du ihn liebst!*

Damit ich die Tanzschuhe schnüren kann

Ich habe mich in Dich verliebt,
weil Du die Welt für einen Moment zum Stehen gebracht hast,
als sie sich mal wieder zu schnell um mich drehte
und mir schon ganz schwindelig davon war.
Wir hatten etwas einzigartig Schönes – manchmal.
Angeblich gibt es nur eine große Liebe – ich bezweifle das.
Das Schicksal wäre ein zu großer Idiot,
wenn es nur große Lieben schickt,
um sie dann nicht wahr werden zu lassen.
Deswegen hoffe ich,
dass Du noch gar nicht die große Liebe für mich warst,
sondern dass jemand kommt,
der meine Welt nicht nur für einen Moment zum Stehen bringt,
sondern sie völlig auf den Kopf stellt
und all die verrückten Dinge mit mir lebt,
die diese verdrehte Welt so fordern wird.
Ich bereue keinen der Momente mit Dir,
ich bereue die, die wir nicht hatten und haben werden.
Aber ich habe keine Angst mehr davor,
der Wahrheit ins Auge zu blicken.
Ich kann mich nicht länger zurück nehmen,
um Dir unsere Momente weit ab von Deinem Leben zu gönnen.
Meine Leben fordert nach Veränderung, denn es will gelebt werden –
und nicht auf der Wartebank sitzen bis es endlich dran kommt.
Ich habe lange gehofft,
aber Hoffnung ist eben nur etwas Gutes,
wenn sie Dich nicht irgendwann desillusioniert zurück lässt.
Ich kann nicht denselben Fehler noch einmal machen –
denn dann wäre es kein Fehler mehr,
sondern meine freie Entscheidung, verstehst Du das?
Deswegen muss ich „Lebe wohl" sagen
und mein Herz von Dir zurück fordern.
Unsere Herzen gehen im Gleichschritt auseinander.
Eindrücklich hast Du mir heute gezeigt,
dass ich Dich nur noch um eines bitten kann:
Gib mir mein Herz zurück!
Damit ich es eines Tages dem Räuber,
Piraten und Drachenzähmer geben kann,
der nicht nur bereit ist im selben Takt mit ihm zu gehen,
sondern der alles dafür tut,
um mit ihm tanzen zu können.

Manchmal ist ein tiefer Fall ein Sprungbrett

Manchmal fällt man... tief... in ein Loch, aus dem man nie wieder herauszukommen scheint. Doch manchmal ist so ein tiefer Fall auch gut, um herauszufinden, wo man wirklich steht!

So ein Fall und anschließend wieder aus dem Loch rauszukommen und neu anzufangen, das kann das erschreckendste auf der ganzen Welt sein und uns vor Angst erstarren lassen, es kann aber auch ein Sprungbrett in ein neues Leben sein. So ein Neubeginn ist nie einfach, ganz egal, ob man einen Partner verlässt, sich von einer Freundschaft oder Familienmitgliedern verabschieden muss oder auch von etwas, das sich wie das Kernstück der eigenen Identität anfühlt. Nur wenn uns unser Bauch sagt, dass irgendetwas nicht stimmt oder sich falsch anfühlt, dann sollte man wirklich zuhören und dem eigenen Bauchgefühl, der inneren Stimme vertrauen.

Jeder, der nichts in uns investieren möchte, der nicht bereit ist von uns zu lernen oder sich freut, wenn uns etwas gelingt, wir erfolgreich sind, jeder der uns nicht dabei unterstützt unsere Ziele zu erreichen und Träume zu verwirklichen, der sich nicht jeden Tag aufs Neue in uns verliebt, der behindert uns nur dabei wir selbst zu sein und solche Menschen machen uns das Leben nur unnötig schwer.

Genauso wenig brauchen wir Menschen in unserem Leben, die meinen uns zu kennen, obwohl sie nur Bruchstücke einer Ahnung davon haben, wer wir wirklich sind. Doch aus diesen kleinen Teilen puzzeln sie sich ein Bild von uns zusammen, das für sie einen Sinn ergibt. Wenn wir uns dann selbst nicht gut genug kennen, glauben wir am Ende vielleicht sogar noch, dass sie Recht haben und uns richtig einschätzen! Aber die Wahrheit ist: wir sind nicht das Bild, das andere von uns haben. Deswegen ist es so unendlich wichtig für uns heraus zu finden, wer wir sind. Nur dann können wir auch wissen, wer wir zukünftig sein wollen und wo es mit uns und unserem Leben hingehen soll – das macht Neuanfänge so wichtig und uns unabhängig.

Dabei muss man mit so einem Neustart gar nicht unbedingt den großen Masterplan verfolgen. Manchmal reicht es schon einfach mal zu atmen, in sich zu hören, loszulassen, auf sich selbst zu vertrauen und zu schauen, was passiert.

Und irgendwann kommt dieser Moment in unserem Leben, der einen Wendepunkt markiert. Der Moment, in dem wir begreifen, dass von jetzt an nichts mehr wie früher sein wird, weil wir plötzlich verstehen – uns selbst, was um uns herum geschieht, andere. Dieser Moment wird unser Leben in zwei Teile spalten: in ein „davor" und ein „danach". Er schubst uns quasi auf den Weg zum Neustart.

Nicht immer ist uns dieser Schubser so recht, aber die Erfahrung zeigt, dass uns die schlechten Dinge oder Menschen, die uns im Leben passieren, die harten Wege, die wir zu gehen haben, uns direkt auf den Weg zu den besten Dingen und Menschen bringen können, die uns je passiert sind.

Deswegen: seid mutig, wenn so ein Moment des Begreifens Euch erreicht und schaut nicht weg! Manch schwerer Weg muss einfach gegangen werden, um danach ein wundervolles Ziel zu erreichen.

Auch wenn Ihr an Euch und Euren Entscheidungen zweifelt, vergesst nicht, dass es nicht Euer Name, Eure Herkunft, Eure Familie, Eure Fähigkeiten, Euer Alter, Euer Gewicht oder Euer Einkommen sind, die Euch ausmachen, sondern letztlich zählt nur, was für ein Mensch Ihr seid! Und Ihr könnt täglich entscheiden, ob Ihr zu den Guten oder den Schlechten gehören wollt und vor allem, ob Ihr zu Euch selbst und Euren Überzeugungen und Bedürfnissen stehen möchtet.

Bei mir haben die Momente des Begreifens oft etwas im Leben verändert, sie haben auch mich verändert – unwiderruflich und dauerhaft. Und trotz all der Zerbrochenheit, die sie vielleicht manchmal mit sich brachten, ist mein Herz gefüllt und meine Seele aufgetankt – mehr als sie es ohne die schweren Zeiten je waren. Ich habe tiefe Verzweiflung kennen lernen müssen, weiß aber erst dadurch auch wahre Freude zu schätzen.

Manchmal lässt uns „gebrochen sein" wunderschön aussehen und unsere Stärke wird durch die tiefen Täler, die wir erfolgreich durchwandern, unbesiegbar. Selbst wenn wir die ganze Welt auf unseren Schultern tragen müssen, können wir es wie Flügel aussehen lassen – es kommt immer darauf an, wie wir damit umgehen.

Für jedes Loch, aus dem wir uns selbst wieder herausgeholt haben, dürfen wir uns auf die Schulter klopfen, denn letztlich ist es das was ein erfolgreiches Leben ausmacht: immer wieder aufzustehen – egal, wie oft wir hinfallen!

Lebt Euer Leben in Ungezähmtheit, die macht frei. Hört auf Euch nach Grenzen zu richten, die irgendwer oder gar Ihr selbst Euch irgendwann mal gesetzt habt und schert Euch nicht um Regeln oder Gepflogenheiten (solange Ihr dadurch niemanden verletzt) – Ihr bestimmt selbst, wie Ihr Euer Leben leben wollt. Es lohnt sich nicht gegen etwas zu kämpfen, wenn Ihr Euch nur Euer eigener Gegner seid.

Leben, das muss fließen... wie eine sprudelnde, klare, nie versiegende Quelle!

Bleibt nicht liegen, steht auf, lernt Euch besser kennen und vor allem selbst wieder zu schätzen, wenn es andere nicht tun, doch vor allem: wagt mutig Neuanfänge, wenn sie nötig sind!

***

Und wenn Du irgendwann
Eure Geschichte erzählen kannst
ohne dass Dir das Herz
schwer dabei wird,
dann weißt Du,
dass es geheilt ist.

Vielleicht irgendwann...

Da ist es ja wieder...
das altbekannte
„vielleicht irgendwann"!

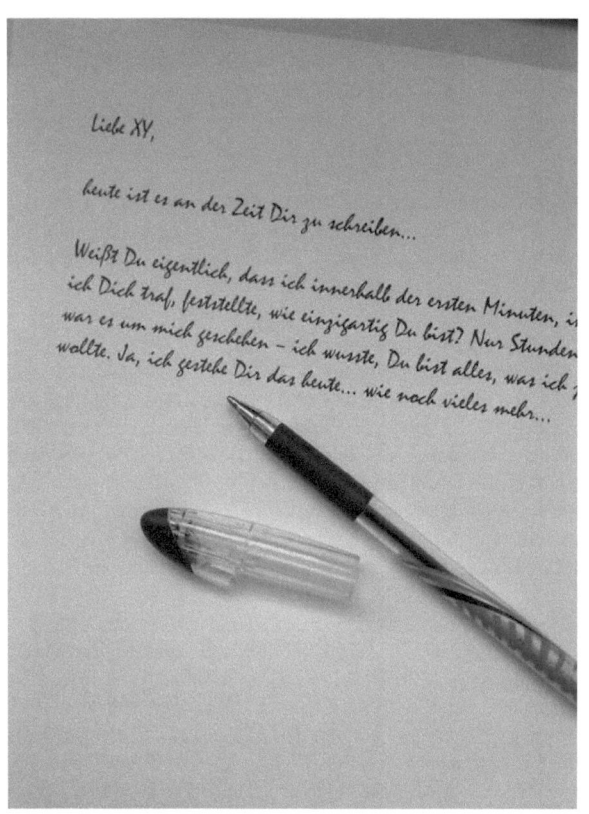

Mit Dir will ich alt werden

Liebe XY,

heute ist es an der Zeit Dir zu schreiben…

Weißt Du eigentlich, dass ich innerhalb der ersten Minuten, in denen ich Dich traf, feststellte, wie einzigartig Du bist? Nur Stunden später war es um mich geschehen – ich wusste Du bist alles was ich je wollte. Ja, ich gestehe Dir das heute… wie noch vieles mehr.

Anfangs verliebte ich mich in das Bild von Dir, das ich mir selbst machte – quasi Deine lückenhafte Version. Ich sah Dich nicht vollständig, erkannte nicht, wer Du wirklich bist. Aber ich liebte und verehrte Dich vom ersten Moment an und konnte es nicht abwarten Deine Lücken zu füllen. Nur irgendwann wurde mir klar, dass Du mehr brauchst – Du brauchst jemanden, der Dich kennt, der Dich erkennt.

Ich habe noch Deine Stimme im Ohr, als Du sagtest: „Die eigentliche Frage ist doch, ob Du mich so lieben kannst wie ich bin und nicht so, wie Du mich gerne hättest? Kannst Du die Person lieben, die ich wirklich bin oder liebst Du nur Deine Vorstellung von mir?"

Weißt Du was, Liebes? Du verdienst Ehrlichkeit. Du verdienst Klarheit. Du verdienst jemanden, der Dich so sehr respektiert und schätzt, dass er Dich nicht anlügt. Du verdienst Anerkennung. Du verdienst Loyalität. Du verdienst jemanden, der Dein Vertrauen nicht missbraucht. Du verdienst Liebe und Du verdienst jemanden, der noch dann für Dich da ist, wenn alle anderen sich abwenden. Du verdienst jemanden auf den Du Dich verlassen kannst, der Dich kennt mit allem was Dich ausmacht und mit nichts weniger sollst Du Dich zufrieden geben müssen. Und genau derjenige will ich für Dich sein!

Am Anfang hast Du mich ehrlich gesagt schockiert! Da kam plötzlich eine Frau in mein Leben gerauscht, die bereit war jedem in den Arsch zu treten, der versuchen würde, sie zu verletzten. Deine Mauern waren so dick, dass ich das Gefühl hatte noch nicht mal mit der Hilti durchzukommen und doch hast Du Dein Herz für mich geöffnet. Deine ganze Emotionalität hat mich geflutet – überflutet und ich drohte zu ertrinken an all den Gefühlen, die mich wie eine Welle fluteten. Ich traf eine Frau, die offen über Sex sprach, ohne ihn deshalb praktizieren zu müssen, eine Frau, die immer genau das sagt, was sie meint – die keine Spielchen spielt, bei der ich nicht versuchen muss zwischen den Zeilen zu lesen. Und Du bist die erste Frau, die ich je getroffen habe, die es genauso wie ich hasst, wenn während einem Film geredet wird – es sprach also alles für Dich ;-)

Und ich? Ich hatte nur noch ein Ziel: ich wollte Deine gehetzte Seele beruhigen und all Deine unruhigen Gedanken zum Schweigen bringen – noch nie hatte ich das Gefühl jemanden so beschützen zu müssen wie Dich – gerade Dich, die Du das doch gar nicht nötig hast, weil Du so unendlich stark scheinst und bist. Ich wollte Dich lieben und Dir zeigen, dass Du mir alles wert bist, wollte Deiner Logik und all den Argumenten trotzen, die Du in Deinem lächerlichen „10 Punkte Plan" gegen uns aufgestellt hast.

Und dann, eines nachts, als wir mal wieder bis zum Morgen gequatscht hatten, wusste ich: mit Dir will ich alt werden! Ohne jeden Zweifel!

Weißt Du eigentlich, dass ich Dich nicht dann am schönsten finde, wenn wir ausgehen und Du Dich „hübsch machst", sondern dann, wenn Du mit einem Buch auf dem Teppich liegst, die Haare verstrubbelt und Du über etwas schmunzelst, was Du liest?

Ich liebe es, wenn Du einfach nur Du bist – wenn Du nicht meinst mich oder sonst wen beeindrucken zu müssen, wenn Du mit Deinem alten Bon Jovi T-Shirt und den selbstgestrickten Socken vorm Fernseher sitzt und die 5. Folge Shopping Queen am Stück guckst. Dann bist Du am schönsten.

Es sind die Momente, wenn all die Mauern bröckeln, die Du um Dich herum gebaut hast, wenn Du einfach nur Du sein kannst, weil Du Dich bei und mit mir wohl fühlst. Das Liebes, sind die Momente, in denen ich den Blick nicht von Dir abwenden kann, die Momente, die mein Herz wärmen, weil Du dann von innen heraus strahlst – völlig im Einklang mit Dir und der Welt.

Was ich Dir eigentlich sagen will? Warum ich Dir heute schreibe?

Es ist unmöglich für mich Dir verständlich zu machen wie sehr ich Dich liebe oder wie oft am Tag ich an Dich denke... aber was ich Dir sagen kann ist, dass Dein Lächeln meine Welt erhellt. Du lässt meine dunklen Seiten scheinen.

Du hast mich gefragt, ob ich Dich liebe und meine Antwort war: „Nein, aber ich kann nicht ohne Dich leben." An Deinem Gesicht konnte ich sehen, wie sehr Du mich mal wieder nicht verstanden hast und wie verletzt Du warst. Ach Liebes... ich kann ohne Dich nicht leben! Du bist wie Luft und Wasser für mich – ohne kann ich nicht existieren! Und das ist so viel mehr als Liebe...

Ich hoffe, Du verstehst eines Tages, dass „Liebe" nicht ausreicht für das, was Du für mich bist und was ich für Dich empfinde.

Dein Mr. X

P. S. Ich liebe Dich!

Liebeslied an eine Band

Ja, ich kann wohl mit Fug und Recht behaupten, dass Ihr mein Leben geprägt habt - nicht nur musikalisch.
Ich war keine 14 Jahre alt, als ich Euch das erste Mal sah oder vor allem hörte.
Was soll ich sagen?! Es war "Liebe" auf den ersten Blick!
Naja, vielleicht auch aufs erste "Jump"?!
Ich weiß es nicht mehr.
Ich weiß nur, dass ich mich an einem kalten Winterabend in einem kleinen Kaff bei Gemünden verliebt habe, 1990 und was als Jugendliebe begann hat bis heute Bestand.
Denn auch heute noch - über 25 Jahre (*hust*) später,
komme ich immer noch zu fast jedem Gig - ich werde Eurer nie müde, bekomme nicht genug. Warum?
Bei Euch kann ich für ein paar Stunden abschalten -
Ich muss nichts tun außer meinen Körper dem Rhythmus der Musik folgen lassen.
Wenn ich traurig, wütend, enttäuscht bin,
tanze und singe ich mir bei Euch meinen Frust von der Seele
und wenn ich gut drauf bin, sowieso.
Ihr seid ein Phänomen.
Es gibt nur eine andere Lebenslage, in der ich zuvor verdammt gut aussehe und danach in einem eher desolaten Zustand bin ;-)
Ich weiß gar nicht, warum ich mich immer aufstyle, denn der Abend war erst dann gut, wenn das Make up verschmiert vom Schwitzen und das Haar vom Headbangen außer Form gebracht ist.
Unzählige Stunden habe ich mit Euch gefeiert, gerockt.
Nach einem Abend mit Euch finde sogar ich mal Schlaf -
ich powere mich meist so aus, dass ich nur noch müde ins Bett falle.
Seit ich nicht mehr selbst fahren muss, schlafe ich um ehrlich zu sein schon im Auto!
Ich werde halt auch nicht jünger... aber für ein paar Stunden kann ich durch Euch meinem Alltag und Sorgen entfliehen,
mit Eurer Musik seid Ihr quasi meine ganz persönliche Therapie.
Und mit den Jahren ist mir nicht nur Eure Musik Wegbegleiter geworden, sondern auch Ihr selbst -
Freunde seid Ihr und das ist so viel wert!
Die Nächte bei Euch sind ein großer Teil des Soundtracks meines Lebens.
Danke für die Musik, Jungs!
Danke für die "Therapiestunden", das Tanzen und vor allem laut mitsingen

(auch wenn ich spätestens nach der ersten Runde keine Stimme mehr habe).
Danke für die ernst gemeinten "Schön, dass Du da bist!" und den ein oder anderen Jacky.
Solltet Ihr Euch je fragen,
warum Ihr das eigentlich macht...
Für mich!
Und all die anderen,
die für ein paar Stunden nur dem Rhythmus Eurer Musik folgen und für eine kurze Zeit aufhören an Probleme, Sorgen und Alltag zu denken!
Ihr macht es für uns!
It's only Rock n' Roll but I love it!

***

Das Schöne an neuen Begegnungen
ist die Musik,
die sie mit sich bringen können.

Zwischen den Stühlen – Brief an den Geliebten

Mein Geliebter,

ich weiß es ist falsch und ich weiß, ich werde mir die Finger verbrennen... oder Deine oder auch seine. Ich weiß, ich müsste Entscheidungen treffen, die Du zu Recht von mir verlangst, aber ich kann es nicht. In meiner Brust brennen zwei Feuer, ich sitze zwischen den Stühlen.

Im Moment versuche ich nur mein eigenes Herz zu schützen, aber wie kann ich es denn schützen, wenn ich mich verhalte als ob ich gar keines hätte?

Mit ihm bin ich seit Jahren zusammen, seltsam vertraut. Und Du? Du kommst wie ein Orkan in mein Leben, bringst meine Augen zum Strahlen und setzt mein Herz in Flammen, aber ich kenne Dich doch kaum. Wie soll ich denn entscheiden zwischen altvertraut, wohlbekannt, geliebt und dem Abenteuer, das mich mit Dir erwarten würde, dem „Verliebtsein"? Wie kann ich etwas, das so lange so gut funktioniert hat, denn aufgeben, nur um mich in die Ungewissheit zu stürzen?

Ich weiß, dass ich mutig sein müsste... denn würde ich ihn wirklich lieben, hätte ich mich nie in Dich verliebt, oder? Und wenn ich mich dann schon „fremd verliebe", muss die letzte Konsequenz doch sein, dass ich mir eingestehe, dass das nie passiert wäre, wenn zwischen ihm und mir alles in Ordnung wäre. Naja, in Ordnung ist es... aber wie kann ich mich mit etwas zufrieden geben, dass nur „ok" ist?

Die ganze Zeit hast Du das bisschen von mir, das ich Dir geben kann akzeptiert, weil Du mir gesagt hast, ein bisschen von mir sei besser als gar nichts. Aber Du bist doch so viel mehr wert als nur ein „bisschen". Ist Dir das nicht bewusst? Wie kannst Du nur Deinen eigenen Selbstwert für mich so über den Haufen werfen? Dabei bist Du doch alles für mich... nur der Mut fehlt mir. Der Mut der Wahrheit endlich ins Auge zu blicken und tapfer meinen Weg zu gehen – meinen neuen Weg mit Dir.

„Wenn Du Dich nicht zwischen uns entscheiden kannst, dann bleibe besser bei ihm.", sagtest Du zu mir. Ich habe den Schmerz, die Verletzung in Deinen Augen gesehen und das war das allerletzte was ich wollte, Dich verletzen. Ich habe in mein eigenes Herz gespürt und

Deinen Schmerz gefühlt. Ich habe erst Dich und dann damit auch mich selbst verletzt – vielleicht habe ich ja doch ein Herz, auch wenn ich es so eifrig zu verstecken und zu schützen versuche?!

Du gibst auf, sagst Du. Du bist es leid, dass ich zwischen den Stühlen sitze und mein Hintern sich nicht dafür entscheiden kann, wo er lieber sitzen will. Weißt Du, auch wenn Du es mir nicht glauben magst, aber es ist ziemlich unbequem zwischen den Stühlen zu sitzen, wenn man es sich nirgends so richtig bequem machen kann.

Vielleicht hast Du ja Recht und es ist einfach nicht die richtige Zeit für uns?! Vielleicht treffen wir uns ja wieder am Ende dieses Weges oder gar in einem anderen Leben und dann genau zur richtigen Zeit – wenn wir beide frei sind und abgeschlossen haben mit dem was da noch so alles abzuschließen ist. Vielleicht bin ich dann mutig und treffe endlich die Entscheidung, die mein Herz hungernd erwartet und die mein Kopf so weit von sich weist?

Wie kann ich ihn denn verlassen, nach all dem was wir zusammen erlebt haben? Er ist ein guter Mann... und ja, ich liebe ihn – noch. Auch wenn ich weiß, wie verrückt sich das anhört, wo ich doch jeden Augenblick ohne Dich nur eines will: zurück zu Dir!

Mein Kopf sagt „Nein" und mein Herz schreit „Ja" und ich...? Ich sitze weiter zwischen den Stühlen oder sollte ich besser sagen, ich stecke weiter meinen Kopf in den Sand, weil ich es nicht wahrhaben will?

Mein Herz steckt im Kopf und mein Kopf steckt im Sand und alles in mir brennt... alles geht in Flammen auf... und letztlich zerstöre ich nicht nur mich selbst, sondern auch noch Dich und ihn.

Alles gut, solange er es nicht weiß... alles gut, solange Du akzeptierst... alles gut, solange ich mich nicht entscheiden muss. Wie einfach sich das anhört. Nur nichts ist gut, solange ich Euch beide und letztlich mich selbst betrüge.

Gefangen zwischen Liebe und Pflichtbewusstsein und dieser unbändigen Anziehung zu Dir gebe ich alles auf. Ich weiß, wenn ich mich für ihn entscheide, verliere ich Dich, wenn ich mich für Dich entscheide, verliere ich ihn und am Ende verliere ich vor allem mich selbst. Und wenn ich mich nicht entscheide, was verliere ich dann?

Dabei verdient Ihr beide doch alles von mir – und nicht nur das was der jeweils andere von mir übrig lässt.

Jeden Morgen vor dem Spiegel frage ich mich, wie ich mir selbst noch in die Augen sehen kann und dann lächle ich... ich lächle Dich an, während ich ihm eine Nachricht tippe, dass alles ok ist hier.

Dann versuche ich es mir wieder bequem zu machen, zwischen den Stühlen. Rücke den einen hier hin und den anderen dort noch ein wenig zurecht, damit mir nicht auffällt, wie unbequem das doch alles ist, nur um festzustellen, dass man es sich schon irgendwie einrichten kann mit der Gemütlichkeit zwischen den Stühlen.

Vielleicht warte ich ja wirklich nur darauf, dass einer von Euch endlich die Entscheidung trifft, zu der ich nicht fähig bin? Vielleicht warte ich auch nur auf den Moment in dem eine Entscheidung bei weitem nicht mehr so unbequem erscheint wie das Stühlerücken?

Ich weiß nicht, wie das passieren konnte?! Ich meine ihn zu lieben, aber ohne Dich kann ich nicht mehr leben.

Es brennen zwei Feuer in meiner Brust...

Ich will Dich nicht verlieren, aber wie kann ich noch mehr Geduld von Dir fordern?

Was soll ich Dir noch sagen?

Ich kann Dir keine Versprechungen machen, weiß, dass ich eiskalt wirken muss auf Dich, aber glaube mir: ALLES BRENNT!

Von Herzen,

die Frau, die sich nicht entscheiden kann.

Von Prinzen, Kröten und Drachenzähmern

Also... Normalerweise küsse ich ja immer Prinzen, die sich dann in Kröten verwandeln... Was wohl passiert, wenn ich den hier küsse?!

Ich werde versuchen mich zu überwinden und Euch berichten!

Obwohl... Wer will denn schon nen Prinzen???

Ein Drachenzähmer wäre erwünscht!

Notiz an mich: finde 1000 Gründe diesen Frosch nicht zu küssen, damit Du nicht an nem verwöhnten Prinzen hängen bleibst!

Räuber, Piraten, Drachenzähmer will ich! Und geknutscht wird dann mit denen!!!

Frosch von der Straße gerettet und seinem Schicksal überlassen (und aus meinem Schicksal entlassen).

Hab ihn nicht geküsst - so leicht bin ich nicht zu haben!!!

Aber ich glaube immer noch an Märchen!!!

Wann bringst Du mich nach Hause?

Ich weiß erst was zuhause ist, seit es Dich gibt.
Zuhause, das ist nicht ein Ort, das bist Du für mich!
Warum ich Dich liebe, hast Du mich gefragt…
vielleicht weil die einfachsten Sachen wie
ein Glas Pepsi mit Dir teilen oder
bei Eiseskälte mit Dir vor der Tür stehen,
während Du rauchst, Glück für mich bedeuten?!
Mehr braucht es gar nicht –
nur Deine Nähe, ein tiefer Blick in Deine Augen
und ich bin aus tiefstem Herzen glücklich.
Du wolltest mich nie beeindrucken,
warst einfach Du selbst und hast mich nie beurteilt.
Du hast mich aus nur einem einzigen Grund geliebt: weil ich ich bin.
Du hast mir ein Zuhause gegeben.
Keinen Ort, nicht verbunden mit irgendeinem Punkt auf dem Globus –
Du bist mein zuhause – ganz egal wo auf dieser Welt Du bist,
ich wusste, mit Dir bin ich überall daheim.
Deine tägliche Liebeserklärung war Dein:
„Schreib mir, wenn Du sicher daheim angekommen bist."
Dabei war ich doch schon lange sicher daheim,
auch wenn ich noch unterwegs war.
Deine Hand in meiner mehr Hoffnung als ich jemals
mehr in diesem Leben erwartet hätte.
Unsere Liebe war nicht schön und voller rosa Wolken –
sie war schrecklich und schrecklich schön zugleich.
Manchmal war sie rücksichtslos
und hat mich viel zu oft zu Boden gebracht.
Und während ich mich nie ganz normal gefühlt habe,
dachte ich dank Dir, ich werde völlig verrückt.
Doch mit Dir habe ich mich dazu entschlossen diese Welt
mit meinem Herzen und nicht nur mit Augen und Verstand zu sehen.
Du bist Heimat für mich.
Und ich bin Deine Hoffnung, sagtest Du.
Dennoch würdest Du mich nicht verstehen –
auch nicht, wenn ich Dir eine 1000seitige Bedienungsanleitung zur
Hand geben würde.
Doch was ich Dir in die Hand gab,
vertrauensvoll in Deine Hände legte,
das war mein Glück, mein Leben.
Und ich wusste, dass Du es fallen lassen würdest.
Beim ersten Mal und jedes Mal danach wieder…
Aber die Sache ist die: ich wollte fallen mit Dir -

ganz egal was kam und was noch kommt –
es kümmert mich nicht, denn mein Herz schlägt für das was es will:
DICH!
Du bist mein zuhause... gewesen...
Doch im Moment bist Du wieder ein Fremder für mich...
jemand aus einer anderen Welt.
Wenn ich bei Dir bin,
weiß mein Herz noch wo es hingehört,
es weiß, dass Du mein zu Hause bist,
aber mein Verstand rät ihm dazu endlich die Flucht zu ergreifen –
nach allem was war und ist.
Doch es kann nicht laufen,
mein tonnenschwer verliebtes Herz,
denn es fühlt sich trotz allem so wohl bei Dir, zuhause.
Du hast ihm all die dunklen Seiten gezeigt
und es schlägt immer noch für Dich.
Und ich bin mutig, Liebster,
ich bin immer noch da.
Weil Du mein zuhause bist –
nach wie vor... irgendwie... so ein bisschen...
Nur am Ende habe ich das Beste von Dir verdient –
um nicht zu sagen alles –
und nicht nur das was von Dir übrig bleibt!
Mein zuhause wird zur Fremde...
Komm, Fremder,
setz Dich noch einmal zu mir an unsere Lieblingsstelle am Fluss
und dann versprich mir,
dass Du nicht vergessen wirst...
unser Lachen,
unsere Gespräche,
unsere Tränen,
unsere Pläne,
unsere Erinnerungen,
unsere Erfahrungen.
Versprich mir, dass Du nicht vergisst!
Versprich mir, dass Du mich nicht vergisst!
Egal was auch kommt.
Und am Ende habe ich nur noch eine Frage an Dich:
„Wann bringst Du mich nach Hause?
Wann gibst Du mir ein kleines Zeichen von Dir,
damit ich es wiederfinden kann?
Wann bringst Du mich endlich wieder nach Hause?"

Meine Seele hat in Dir Heimat gefunden

Lieber Mr. X,

in meiner Vorstellung haben meinen „Traummann" so einfache Dinge ausgemacht, z. B.dass er nicht verärgert ist oder sich zurückzieht, wenn es Tage gibt, an denen ich acht Nachrichten schicke, weil so viel passiert und es so viel zu erzählen gibt. Ich wünschte mir jemanden an meine Seite, der bei Autofahrten laut mit mir mitsingt, statt davon genervt zu sein, dass ich eine wandelnde Jukebox bin, der sich nachts um 2 Uhr noch eine Pizza mit mir teilt und der mit mir rumknutscht bis die Sonne aufgeht.

Doch jedem Mann, der in mein Leben kam, war ich zu „ZU" – „zu" emotional, „zu" albern, „zu" melancholisch, „zu" stark, „zu" schwach, „zu" was auch immer...

Dann kamst Du und an manchen Tagen schreiben wir uns 100e Nachrichten, wir singen lauthals, essen Pizza aus dem Karton und küssen uns bis unsere Lippen wund sind, doch vor allem liebst mich - so wie ich bin. Du hast in all meinen „ZUs" einen ganz eigenen Zauber für Dich entdeckt und mir die Angst davor genommen, zu viel oder von irgendetwas sonst zu sehr „zu" zu sein.

Ja, Wunder geschehen... zum Beispiel jedes Mal, wenn ich Dich ansehe und Du lächelst – Du hast mir den Glauben an diese Wunder wieder geschenkt! Und den Glauben an die Art von Liebe, die mich nicht zwingt beweisen zu müssen, dass ich es wert bin geliebt zu werden. Du tust es einfach – trotz und wegen all der kleinen (und manchmal auch viel zu großen) „ZUs". Unsere Verbindung ist so selbstverständlich, dass sie mir, ohne es ihn Frage zu stellen, erlaubt, ich selbst zu sein. Meine Seele hat in Dir Heimat gefunden.

Als ich gefragt wurde, was „Heimat" für mich ist, hätte ich fast Deinen Namen genannt, bis mir einfiel, dass wohl von mir erwartet wird, dass ich irgendeinen verdammten Ort auf dieser Welt nenne. Nur bin ich in Deinen Armen mehr zu Hause und daheim als ich es je sonst wo war, bei Dir fühle ich mich wohl – Du bist Heimat für mich, der beste Platz der Welt. Ob mit dieser Antwort jemand hätte etwas anfangen können?

Bislang war „lieben" für mich immer mit Dramen verbunden – Dich zu lieben bedeutet Leichtigkeit. Du bringst Licht in mein Leben. Wir lachen über Dinge, die keiner außer uns versteht, wir sind albern und vor allem zufrieden damit Zeit miteinander zu verbringen – in Deiner Gegenwart werde ich vom Leben geküsst!

Bislang hat niemand verstanden, dass ich hinter all dem Sarkasmus voll dem ich sein kann, nur versuche mein vernarbtes Herz zu schützen, denn ich bin es gewohnt, dass mit meinen Gefühlen nicht gerade zimperlich umgegangen wurde. Deswegen versuchte ich mich mit allen Mitteln zu weigern, meine Mauern und meinen Stolz aufzugeben vor lauter Angst mir und Dir meine Gefühle einzugestehen und mich wieder verletzlich zu machen. Du hast diesen Sarkasmus mit einem Schulterzucken hingenommen und die Mauern, die ich um mein Herz gebaut habe, wurden mit jedem Kuss, jedem Blick, jedem Wort von Dir rissiger, bis Du sie schließlich wie mit der Hilti vollständig nieder gerissen hast.

Es ist geradezu magisch, wie Du meine Unsicherheiten lahm legst, meine Ängste in die Wüste schickst und in mir all das siehst, was ich eifrig zu verstecken versuche. Jetzt bin ich Dir mit jeder meiner Emotionen schutzlos ausgeliefert, etwas was ich nie mehr wollte und doch tut es so gut, Dir zu vertrauen, loszulassen und keine Angst mehr zu haben. Und soll ich Dir was sagen? Auch wenn es schief geht mit uns... diese Leichtigkeit zu spüren, das ist Grund und Hoffnung, das ist ALLES wert!

Ich habe mir immer jemanden gewünscht, der sich jeden Tag aufs Neue für mich entscheidet, ohne groß darüber nachdenken zu müssen... und dann kamst Du... Du spielst nicht, sondern brennst mit mir!

Weißt Du was?

Du bist mit all dem, was Dich anders macht wie ein Wunder für mich!

Dein und mein Herz scheinen ganz alte Freunde zu sein.

Ich hab Dich lieb,

Deine XY

Wer bin ich noch?

Wer Du jetzt noch bist, hast Du mich gefragt.

Mein Lieber, Du bist eine wundervolle Mischung aus all den Menschen, die Du in Deinem Leben getroffen hast, den schönen Momenten, die Du erleben durftest. Du bist das Lachen Deiner Freunde, wenn Ihr zusammen in den Abendhimmel geschaut habt, das Zusammensitzen mit Deiner Familie, Du bist die Fürsorge Deiner Mutter und das Verständnis Deines Vaters für Dich. Du bist gemacht aus dem Zusammenhalt Deiner Geschwister und den freundlichen Grüßen Deiner Nachbarn. Du bist entstanden aus gebrochenen Herzen und heftigen Auseinandersetzungen, der Musik, die immer Deinen Morgenkaffee begleitet hat und all Deinen Emotionen. Du bist geprägt von Deiner Sehnsucht, von Heimweh, dem Land, das Dir Zuhause ist und der Liebe, die Dein Herz berührte. Du bist voller Momente und Menschen, die Dich zu dem gemacht haben, der Du heute bist.

Du bist wundervoll! Mit all dem was Dich zu dem liebenswerten Menschen macht, der Du heute sein darfst.

Dich prägen aber auch dunkle Zeiten die Du durchlebt und dennoch überlebt hast – Streitigkeiten, Sorgen, Kummer. Du hast Dinge gesehen, die sich niemand vorstellen kann, die Dich auf immer verändert haben. Du wirst neue Menschen in Deinem Leben spüren lassen, was andere Dir in der Vergangenheit antaten. Du wirst voller Misstrauen und Unzufriedenheit sein und ja… Du wirst Menschen verlieren, von denen Du dachtest, dass sie Dich ein Leben lang begleiten werden. Aber Du wirst auch herausfinden, dass wir alle mit unserer Vergangenheit kämpfen – jeder auf seine Weise. Nur hat der eine vielleicht ein schwereres Päckchen oder gar einen ganzen Koffer voll mit sich herumzuschleppen.

Glaube mir: irgendwann wird auch für Dich der Moment kommen, wo es nicht mehr so weh tut, wo Trübsinn und Heimweh zwar nach wie vor Deine ständigen Begleiter sein werden, Dich aber nicht mehr in tsunamiartigen Schmerzwellen zu Boden reißen werden. Es wird der Moment kommen, in dem Du Dich kurz zurücklehnen kannst und erkennst, dass Dir das Schicksal all die schweren Dinge nur aufgebürdet hat, weil es wusste, dass Du stark genug bist, um sie tragen und ertragen zu können.

Du wirst all das Überleben! Und Du wirst stärker aus all dem hervorgehen, weil Du wissen wirst, dass Du nicht aufgegeben hast und erkennen wirst, wie stark Du bist.

Niemand soll versuchen Dich zu ändern – auch Du selbst nicht! Nur glauben, glauben musst Du an Dich... ich tue es!

Einzig um einen Gefallen bitte ich Dich: vergiss nicht zu bemerken, dass es auch noch kleine Glücksmomente in Deinem Leben gibt – halte sie fest, ignoriere sie nicht! Es ist nicht alles nur schwarz, grau und hoffnungslos.

Mich interessiert was Du wirklich denkst und fühlst, was Dich bewegt, traurig macht, beschäftigt. Für alles andere ist mir unsere Zeit zu schade. Deswegen spricht mit mir – ehrlich – ich weiß, dass Deine Wahrheit mir manchmal weh tut. Sag sie mir trotzdem!

Ich bin nicht nur in den guten Zeiten für Dich da! Ich bin da egal was kommt und egal wie Du Dich fühlst – nur schließ mich nicht aus. Ich muss ein Teil Deiner Gedanken und Emotionen sein, um mitfühlen und vor allem verstehen zu können. Nur das lässt mich bleiben und festhalten – an Dir, an uns.

Was ich für Dich fühle ist rein instinktiv – und das war es vom ersten Moment an. Es lässt sich nicht steuern, meine Gefühle für Dich sind so selbstverständlich wie mein Atmen, der von ganz alleine kommt. Du bist wie ein tiefer Atemzug, der meine Lunge füllt – nur füllst Du mein Herz und meine Seele.

Und glaube mir, Deine Verletzungen, Deine Probleme, Dein Gefühl wie ein Fisch an Land zu sein, der keine Luft mehr bekommt und vor allem nirgends mehr Hoffnung zu sehen, das beschäftigt mich mehr und vor allem schmerzt es mich mehr, als es meine eigenen Sorgen je könnten.

Wenn Du keine Hoffnung mehr hast, lass mich Dir ein wenig Hoffnung sein. Lass uns zusammen sitzen, gemeinsam Atmen und vielleicht schaffe ich es ja, Deine tsunamiartigen Wellen ruhig ans Ufer zu legen?

Ich passe auf Dich auf!

P. S. Ach... Du weißt schon!

Wer bin ich noch? – Teil 2

Wer Du jetzt noch bist, hast Du mich gefragt, mein Freund, und ich glaube, ich konnte Dir eine gute Antwort darauf geben, wer und vor allem wie zauberhaft Du bist. Aber mehr und mehr stellt sich mir die Frage: Wer bin ich denn jetzt noch?

Ich weiß, dass ich mir diese Frage ganz leicht selbst beantworten kann, wenn ich mir meine Antwort an Dich zurück gebe... ich bin eine Mischung aus all dem was ich erlebt habe und all den Menschen, denen ich begegnet bin. Ich bin Licht und Dunkelheit zugleich... ich bin Himmel und Hölle in einer Person. Aber wer bin ich noch nach Dir?

Im Moment habe ich das Gefühl Dir ständig nur hinterherzujagen. Ich versuche bei Dir zu sein, Dich zu unterstützen, Dir zu helfen, aber weißt Du, damit muss ich aufhören, denn Du würdest nicht so schnell rennen, wenn Du mich wirklich bei Dir haben wolltest.

Mir ist bewusst, dass Dich Sorgen quälen, dass Du Dir Gedanken machst, weil Du nicht da sein kannst, wo Du gebraucht wirst... aber auch mich quälen Sorgen. Mich quält es wie Du Dich verhältst, dass Du nicht mit mir sprichst und dabei bin ich direkt bei Dir. Wobei... ich sitze neben Dir und die Distanz zwischen uns beträgt Welten...Du gehörst mir nicht und ich gehöre Dir nicht... darum ging es auch nie... aber zusammen wollte ich mit Dir sein. Und jetzt? Jetzt bin ich zu zweit alleine.

Dabei folgen doch alle Beziehungen letztlich nur einem Gesetz: „Lass sich den, der Dich liebt, nie alleine fühlen – schon gar nicht, wenn Du da bist." Aber Du lässt mich alleine, obwohl ich bei Dir bin.

Deine Stimmungen schlagen derzeit um wie das Wetter... und über das beschwerst Du Dich doch ständig, oder? Wie oft Du Dich schon dafür entschuldigt hast? Ich weiß es nicht mehr... und dann vergebe ich Dir... obwohl es Dir noch nicht mal so richtig leidtut – denn würde es das, würdest Du es nicht wieder und wieder tun. Das ist wohl wahre Stärke, ich verzeihe Dir, obwohl ich weiß, dass sich nichts ändert – aber ich will gar nicht immer stark sein müssen.

Und ich will auch nicht ständig warten und hoffen, dass es vielleicht irgendwann mal besser wird. Weißt Du eigentlich wie schwer es ist auf etwas zu hoffen, dass vielleicht nie passieren wird? Noch schwerer ist nur Dich aufzugeben, weil ich genau weiß, dass Du es bist, mit dem ich leben möchte, dass ich Dich möchte. Ich will aber nicht nur Dein „irgendwann" sein! Ich brauche Dein „Jetzt"!

Nein, verstehe mich nicht falsch, ich bin nicht böse, hege keinen Groll auf Dich... ich verstehe... vielleicht sogar zu oft und zu gut... Und ich vergebe, höre Deine Worte, weiß, dass Du mein Verständnis erwartest. Es gibt nicht mehr viel, was Du mir noch sagen kannst, was ich nicht schon von Dir gehört hätte... manchmal ist es Zeit den Worten Taten folgen zu lassen.

Ich stehe mit Dir in der Mitte des Feuers... manche würde in diesem Feuersturm vielleicht verloren gehen, aber ich scheine aus Feuer gemacht. Ich bin immer noch da... noch...

Aber ich verändere mich... tief in mir drin zerplatzen Träume und Hoffnungen wie Seifenblasen in diesem Feuer, in das Du mich stellst und ich weiß, die Wahrheit ist, nur ich nehme die kleinen, feinen Risse wahr, die mein Fundament dadurch bekommt. Wie kann ich Dir eine Stütze sein, wenn Du mich zum Einsturz bringst?

Letztlich haben wir beide die Wahl wie wir den Rest unseres Lebens verbringen wollen... ich kann nicht nur im Feuer stehen – vor allem nicht, wenn Du nicht mit Brandsalbe zur Hilfe eilst, falls es bei mir brennt, weil Du mich mal wieder entzündet hast.

Im Moment versuche ich mich für Dich auf eine Pfütze zu reduzieren, obwohl ich doch eigentlich wie die wilde See bin. Warum? Weil Du Angst hast zu schwimmen! Mit mir zu schwimmen? Oder hast Du nur Angst Deine Segel mit mir zu setzen? Oder Deinen Anker zu lichten? Ich brauche jemanden, der mit der Liebe zu den Wellen im Blut geboren wurde, der mich voller Respekt und Leidenschaft wahrnimmt, der mich sieht, erkennt und bei mir sein will. All das scheint – jetzt, wo wir doch unseren Hafen erreicht haben – nicht mehr vorhanden. Ich will nicht nur eine Pfütze sein! Ich will das Meer zurück! Manchmal braucht es einfach ein Abenteuer, um den bitteren Geschmack des Lebens von der Seele zu waschen...stürze Dich mit mir in die Fluten!

Ich werfe Dir den Rettungsring zu – täglich – noch. Doch Du musst ihn auch annehmen! Solange Du stur daran vorbeischwimmst, drohst Du auch weiterhin unterzugehen. Wenn Du ihn weiter ignorierst – mich ignorierst – werde ich irgendwann damit aufhören. Um mich selbst zu retten!

Ich bin müde hinter Dir herzujagen... allerdings werde ich nicht aufgeben... noch nicht... mir nur vielleicht eine Auszeit nehmen... das ist wohl die Kunst des Lebens, zu wissen, dass man eine Auszeit braucht, ohne gleich aufzugeben...

Ich schwimme... kämpfe gegen die Wellen und damit gegen mich... für Dich! Und ganz ehrlich? Ich bin es leid, dass mein Beziehungsstatus „Ich schlafe quer im Bett" lautet!

Wer bin ich noch?

Und was, wenn am Ende nur mein tonnenschweres, ertrunkenes Herz übrig bleibt?

Pass bitte besser auf mich auf,

ich.

P. S. „Ich hab's Dir ja gesagt..."
Mit freundlichen Grüßen, Deine Intuition

***

„Lauf so schnell Du kannst",
ruft mir mein klarer Verstand zu,
während mein scheiß tonnenschwer verliebtes Herz
sich weigert auch nur einen Schritt
vorwärts zu machen...

Wunder geschehen...

Ich mag die Vorstellung von Dir und mir.
Du weißt schon, wir zwei zusammen.
Wir, zwei Seelen, die sich nach langer Suche gefunden haben.
Aber das, das ist wohl ein Wunschkapitel in meinem Leben,
das nur ich verstehe.
Naja, und Du vielleicht noch,
keiner versteht meine wirren Gedanken und Emotionen wie Du.
Ich will nur, dass Du weißt,
dass ich Dich nie bereuen werde
oder mir gar wünschen Dich nie getroffen zu haben.
Denn jetzt, heute und hier bist Du genau richtig für mich.
Du bist alles was ich brauche -
aber nicht bekomme.
Und das, also wir,
das macht mich tieftraurig und glückstaumelnd zugleich.
Ich hoffe, eines Tages, wirst Du Dir bewusst,
was Dich gleichgültig macht
und was Dich himmelhoch jauchzen lässt
und dann wünsche ich Dir,
dass Du mutig genug bist,
um das eine hinter Dir zu lassen
und das andere zu leben.
Ich wünsche Dir, dass Du Dich verliebst – bedingungslos!
Egal in wen - es muss ja nicht ich sein
(aber schön wäre es schon)
und dass Dich wer versteht -
so wie Du bist.
Denn es ist so beruhigend jemanden zu finden,
dem man nichts erklären braucht,
sondern der einfach nur versteht.
Die Wahrheit ist doch, dass wir uns alle jemanden wünschen,
vor dem wir auch unsere dunkelsten Seiten nicht verstecken müssen.
Denn am Ende sind wir betrunken von der Vorstellung,
dass es irgendwo genau DIE eine Person für uns gibt,
die große Liebe...
nur gelebt werden will sie,
wenn man sie denn dann findet.
Du, Du bist für mich nach wie vor ein Wunder!
Nur leider nicht mein Wunder...
Du bist schon einer anderen geschehen...

Ich fand die Liebe in Dir

Schon beim ersten Mal als wir uns trafen wusste ich,
dass ich mit Dir einem besonderen Menschen begegne.
Es fühlte sich an als ob Du mich da abholst,
wo ich verloren schien.
Schon bald sah ich Dich an und dachte:
„Wo kommst Du nur her? Und wo bitte bist Du bis jetzt gewesen?"
Ich versuchte so eifrig alles was ich wirklich fühlte vor Dir zu
verstecken, dabei warst Du doch der,
der am meisten über meine wahren Gefühle wissen sollte.
Ich habe mich gewehrt gegen das was so offensichtlich war.
Dann begann alles mit einem gehauchten Kuss...
und letztlich habe ich die Liebe gefunden.
Ich fand die Liebe in Deinem Lachen,
wenn Du Dich über eine meiner Bemerkungen amüsierst.
Ich fand die Liebe in Deinen Erzählungen,
wenn ich wie gebannt an Deinen Lippen hänge.
Ich fand die Liebe in Deinem Grinsen,
wenn der kleine Junge in Dir verschmitzt zum Vorschein kommt.
Ich fand die Liebe in Deinem Humor,
mit dem Du mich so gerne aufziehst.
Ich fand die Liebe in Deinen sanften Berührungen,
die leicht wie eine Feder über meine Haut streichen.
Ich fand die Liebe in Deinem Lächeln,
mit dem Du mich liebevoll bedenkst.
Ich fand die Liebe in Deinen Augen,
wenn ich Dich dabei erwische
wie Du mich manchmal heimlich beobachtest.
Ich fand die Liebe in Deinen Blicken,
tief, unergründlich, Gänsehaut bereitend, zärtlich.
Ich fand die Liebe in dem Vertrauen,
das Du mir schenkst.
Ich fand die Liebe in Deiner Verlässlichkeit,
darin wie Du Dich um mich sorgst
und dass Du da bist, wenn ich Dich brauche.
Ich fand die Liebe in all unserem Auf und Ab,
das uns letztlich immer wieder zueinander führt und nie trennt.
Ich fand die Liebe in Deiner Beständigkeit,
sowohl in Deinem sturen Kopf, aber auch in Deinem Glauben.
Ich fand die Liebe in Deiner Geduld,
mit der Du jede meiner „5 – 10 Minuten" erträgst
und mich nie dafür verurteilst.
Ich fand die Liebe in Deiner Wahrheit,

die Du mir nie verschweigst,
auch wenn sie unangenehm ist.
Ich fand die Liebe in Deinem Zuhören,
darin wie Du versuchst mich zu verstehen.
Ich fand die Liebe in Deinem Annehmen,
Du lässt mich sein wie ich bin.
Ich fand die Liebe in Deiner Andersartigkeit,
all unsere Gegensätze ziehen sich an.
Ich fand die Liebe in Deinen Worten,
die (fast) immer einen Sinn ergeben.
Ich fand die Liebe in Deinen Küssen,
wild, rau, leidenschaftlich und sanft wie der Flügelschlag eines Kolibris.
Ich fand die Liebe in Dir...
Ich habe sie wieder gefunden,
Du hast sie mich finden lassen ohne dass ich überhaupt danach suchte.
Ich brauche keine Magie...
Das einzige was ich brauche bist Du –
nachts um 3:29 Uhr neben mir, fest in Deinen Armen,
wenn mir die Dunkelheit zu viel wird.
Das einzige was ich brauche bist Du –
Du, der da ist, der wahr ist,
wenn es sonst nichts ist.
Das einzige was ich brauche bist Du –
ich finde die Liebe in Dir.

***

Von Liebe berührt
durch schwere Zeiten getragen
führt Dein „Ja"
zwar nicht zur Lösung aller Probleme,
aber es streichelt
und beruhigt meine Seele ein wenig
und lässt mein Herz tanzen

Auf ein letztes Wort...

Auf ein Wort... oder naja... auch auf ein paar Worte mehr ;-)

Lasst uns doch zum Schluss über ein ganz schwieriges Thema „plaudern": MICH!

Ich will ehrlich zu Euch sein: ich bin eine Drama Queen, ich bin dickköpfig, aber nicht kaltherzig. Manchmal bin ich frech, stur, eifersüchtig, unhöflich und viel zu oft trage ich mein Herz auf der Zunge, wo ich andererseits schweige, wenn es was zu sagen gäbe. Aber ich habe ein großes Herz, ich kümmere mich manchmal mehr um andere als ich vielleicht sollte und manchmal vergesse ich mich selbst darüber. Ich bin grandios darin meine eigenen Gefühle zu verstecken und ich bin eine fabelhafte Schauspielerin, auf der anderen Seite aber brutal ehrlich – ich verpacke es meist nur sehr diplomatisch. Es dauert lange, bis ich nicht mehr vergebe, bis ich einen Menschen aufgebe, nur hat man mich einmal an dem Punkt, dann gibt es auch selten ein Zurück.

Ich habe Respekt vor Menschen, die ehrlich zu mir sind, auch wenn ich das Gesagte vielleicht nicht hören will. Doch Ehrlichkeit ist am Ende eines langen Weges letztlich das Ziel auf das es ankommt.

Ich genieße kontrolliertes Alleinsein. Ich liebe es alleine mit dem Hund am Fluss zu sitzen, in aller Ruhe ein Buch zu lesen, einen Kaffee zu trinken und Menschen dabei zu beobachten. Es macht mir keine Angst in meine leere Wohnung zurück zu kommen und allein einzuschlafen. Ich brauche keinen Prinzen auf dem weißen Pferd (wohin auch mit dem Gaul?), aber ich vermisse einen Typen, der zu mir steht und mit mir lacht.

Ich kann wunderbar melodramatisch sein, bin im tiefsten Inneren eine „alles kaputt Denkerin" und sprühe vor Optimismus, Lebensfreude und verrückten Ideen. Selten gebe ich auf, wo andere schon lange kein Licht am Ende des Tunnels mehr sehen, nur um dann viel zu spät einzusehen, dass ich blind, dumm und taub war. Wenn ich etwas will, dann jetzt und sofort – Geduld ist nicht meine Kernkompetenz.

Ich habe mir geschworen, dass ich nie um jemanden kämpfen werde – schon gar nicht darum geliebt zu werden – und tue es doch... denn wenn ich liebe, dann mit allem was ich bin und habe. Dann gebe ich mich, meine Vorsätze auf und ja, dann würde ich sogar mein Leben geben – verrückt!

Irgendwie schaffe ich es gleichzeitig unheimlich stark, durchsetzungsfähig zu sein und genau zu wissen was ich will, während ich auf der anderen Seite schwach, sanft und anlehnungsbedürftig bin.

Ich brauch keinen Helden – ich bin mein eigener.

Konkurrenzdenken gibt es für mich nicht. Die einzige Herausforderung, der ich mich stelle, bin ich selbst und damit habe ich genug zu tun. Jeden Tag versuche ich mich selbst zu übertreffen, mein Bestes zu geben und verliere mich manchmal selbst darüber.

Meine Ziele setze ich hoch und glaube viel zu oft nicht an mich selbst oder daran sie erreichen zu können. Manchmal schweige ich, versinke in eine Zone ohne Empfang, bin für nichts und niemanden erreichbar. Das fordert viel Geduld von meinen Lieblingsmenschen. Dabei liegt das gar nicht daran, dass ich nicht reden möchte oder es persönlich meine, das sind nur die Zeiten, in denen ich herauszufinden versuche, was ich will und wer ich bin.

Wenn ich auf der Suche nach mir selbst bin, kann ich nicht reden. Ich brauche die Stille, um meine eigenen Gedanken zu hören, für die es keine Worte gibt. Aber wenn ich zurückkomme, dann voller Energie und vielen verrückten Ideen.

Ab und an muss ich mich daran erinnern, dass ich mich selbst lieben muss – mit allen Ecken, Kanten und Rundungen – denn das ist eine wundervolle Revolution! Die Erkenntnis, liebenswert zu sein, ohne von jemand anderen als sich selbst geliebt zu werden, das ist wie ein kleiner Krieg gegen sich selbst. Mich selbst liebenswert finden und anzunehmen… meine tägliche Herausforderung!

Ich bin keine zweite Wahl! Deswegen habe ich auch viel mehr verdient als das, besseres – sich das bewusst zu machen, ändert so vieles… Ich glaube nicht, dass es schwer ist mich zu lieben, es scheint vielleicht nur so. Vielleicht hat sich einfach noch niemand wirklich die Mühe gemacht, mich zu verstehen? Manchmal verstehe ich mich ja selbst kaum.

Wenn ich leide, dann aus vollem Herzen, doch es dauert nie lange, bis ich mir die Tränen aus dem Gesicht wische und weiter mache. Ich schäme mich meiner Tränen nicht und auch nicht emotional zu sein, für manche gar unkontrollierbar. Ich bin ein Vulkan, der jederzeit ausbrechen kann – ein Vollblutweib eben.

Ich bin an einem Punkt in meinem Leben, wo ich oberste Priorität habe, ich mich darum kümmere, dass es mir selbst gut geht, damit ich Gutes tun kann und wo in Ruhe und Frieden, in Harmonie zu leben das Wichtigste ist.

Manchmal heißt das, dass ich Brücken abbrechen muss, um meine Werte nicht zu verbiegen und somit auch Menschen loslassen muss. Aber für alles was mir negativ erscheint und mir Energien raubt gibt es keinen Platz mehr in meinem Leben. Ruhe, Frieden und Harmonie bedeutet also nicht, dass ich es jedem recht mache oder so lebe wie es andere gerne hätten. Ich mache meinen Frieden mit mir und kämpfe notfalls auch dafür.

Und letztlich glaubte ich immer noch an die Liebe. Nach all den Schicksalsschlägen, den Tränen, dem Herzschmerz, war ich nach wie vor davon überzeugt, dass es sie gibt – irgendwo da draußen – die Liebe. Ich wusste nicht wie viele Prinzen ich noch küssen muss, bis sich einer mal nicht in eine Kröte zurück verwandelte, aber ich war fest davon überzeugt, irgendwo da draußen, da gibt es ihn – den Mann, der bereit ist alles zu geben was ich bereit bin zu geben und der vor, hinter und neben mir steht... je nachdem wo er gerade gebraucht wird. Und sie hat mich nicht enttäuscht, die Liebe. Gerade sieht es so aus als ob ich ihn gefunden hätte, den Mann, der mich „Drachen" zähmen kann. Nicht immer einfach, aber ein wundervolles Gefühl!

Was ich eigentlich sagen wollte (auf EIN Wort *lach*): ich mag mich! PUNKT! Ende der Geschichte!

All das mag mich schwierig erscheinen lassen... und wenn dem so ist, dann bin ich gerne schwierig!

Und wem ich zu schwierig bin oder wer mich nicht mag, dem kann ich nur sagen:

„Es war schön, Dich gekannt zu haben!"

Von Herzen, *Frau R.*

Mit noch mehr
Nachtgedanken –

im Moment –

alles gesagt.

***

Danke an all die,
um die sich meine
Nachtgedanken drehten
und immer noch drehen.
Ohne Euch gäbe es
dieses Buch nicht!

Die Autorin

Frau R. ist gebürtige „Spessarträuberin" und lebt heute in dem idyllischen Weinort Obereisenheim am Main.

Oft kann sie nachts nicht schlafen, dann schreibt sie.

Wenn die Wörter ein Ventil finden und aus ihr heraussprudeln, wenn alles zu Papier gebracht ist, was ihre Gedanken umtreibt, dann findet sie Erleichterung, Ruhe und Schlaf.

Das Schreiben ist ihre Therapie, ihre Nachtgedanken sind ihre Leuchtstreifen in der Nacht.

So entstehen nicht nur ihre Nachtgedanken wie in „In meinen Worten… Nachtgedanken – Leuchtstreifen", sondern ganze Bücher, denn sie hat bereits die Erzählung „Wenn ein Fremder Schneewittchen wach küsst…" und den Roman „Mit rasierten Beinen spricht sich's besser!" veröffentlicht. Ein neuer Roman ist derzeit in Arbeit und wird voraussichtlich im Winter 2016 erscheinen.

Mehr über Frau R. erfährt man unter www.frau-r.de